KB151703

일상에서 발견하는
소소한 심리 이야기

셀프헬프
selp·help
시리즈 ❸

"나다움을 찾아가는 힘"

사람들은 흔히, 지금의 내가 어제의 나와 같은 사람이라고 생각한다. 이것만큼 큰 착각이 또 있을까? 사람은 매순간 달라진다. 1분이 지나면 1분의 변화가, 1시간이 지나면 1시간의 변화가 쌓이는 게 사람이다. 보고 듣고 냄새 맡고 말하고 만지고 느끼면서 사람의 몸과 마음은 수시로 변한다.

오늘의 나는 어제의 나와는 전혀 다른 사람이다. 셀프헬프 selp-help 시리즈를 통해 매순간 새로워지는 나 자신을 발견하길 바란다.

나다움을 찾아가는 80가지 지혜

● 일상에서 발견하는
　　소소한 심리 이야기 ●

초판 1쇄 인쇄 | 2015년 7월 25일
초판 1쇄 발행 | 2015년 7월 30일

지은이 | 송관
발행인 | 김태영
발행처 | 도서출판 씽크스마트
주　소 | 서울특별시 마포구 신수동 448-6 한국출판협동조합 C동 201호
전　화 | 02-323-5609 · 070-8836-8837
팩　스 | 02-337-5608

ISBN 978-89-6529-046-9 13180

• 잘못된 책은 구입한 서점에서 바꿔 드립니다.
• 이 책의 내용, 디자인, 이미지, 사진, 편집구성 등을 전체 또는 일부분이라도 사용할 때에는 저자와 발행처 양쪽의 서면으로 된 동의서가 필요합니다.
• 〈사이다〉는 도서출판 씽크스마트의 자회사 임프린트로, 사람의 가치를 밝히며 서로가 서로의 삶을 세워주는 세상을 만드는 데 기여하고자 출범한, 인문학 자기계발 브랜드 '사람과 사람을 이어주는 다리'의 줄임말입니다.
• 원고 kty0651@hanmail.net

이 도서의 국립중앙도서관 출판예정도서목록(CIP)은 서지정보유통지원시스템 홈페이지(http://seoji.nl.go.kr)와 국가자료종합목록시스템(http://www.nl.go.kr/kolisnet)에서 이용하실 수 있습니다. (CIP제어번호: CIP2015015105)

나다움을 찾아가는 80가지 지혜

일상에서 발견하는
소소한 심리 이야기

송관 지음

사이다

우리의 삶이 좀 더 의미 있고
가치에 충만하길 기대하며

요즈음 시대의 화두가 되는 키워드는 '행복한 삶'이다. '행복한 삶'은 곧 '성공한 삶'이다. 동서고금을 막론하고 우리는 누구나 행복한 삶을 원하며, 성공적인 삶을 추구한다. 행복과 성공은 어디에서 오는 걸까? 행복과 성공을 위한 첫걸음은 무엇보다도 자신의 가능성과 한계에 대한 진지한 검토에서 비롯된다고 본다. 이는 끊임없는 자기 계발(自己啓發)과 자기 학습을 통해 이루어진다. 이 책은 저자가 인재 육성 차원에서 산업 현장을 비롯하여 여러 기업체나 교육기관에서 평생 교육한 경험을 바탕으로 시의적절한 자료들을 모아 펴낸 것이다.

저자는 사람들이 내적인 심리의 변화를 잘 읽어냄으로써 즐거움을 찾을 수 있으며, 마음과 마음이 모인 조직 안에서 자아를 실현하길 기대한다. 책 곳곳에 마음의 통찰을 위한 문제를 제기하고 심리학 이야기를 곁들여 스스로 훈련 방법을 터득하여 행동을 변화시킬 수 있도록 배려한 점이 두드러진다. 저자는 특히 우리로 하여금 의식의 확장을 통해 사고의 변화를 꾀하도록 권유한다. 또한, 관계의 확장을 통해 조직 안에서 공동의 가치와 목표를 공유하도록 한다.

인간은 무엇보다도 의미를 추구하는 존재이다. 그런 뜻에서 저자는 삶에 어떤 의미를 부여하는가에 따라 우리의 인생이 달라진다고 강조한다. 그리고 의미를 찾기 위해서는 깊은 사색이 필요하다고 말한다. 사색의 궁극적인 목표는 인간의 자기이해일 것이다. 자기이해의 상실이야말로 자아 상실과 다름없다. 자아 상실은 곧 자아의 위기이다. 위기 극복을 위해서라도 자기이해가 절실하다. 인간은 사회적 존재이다. 달리 말하면, 사회라는 조직 안에서 삶을 살아가는 조직인이다. 조직과 조직인은 상호보완적이다. 조직은 조직인이 이끌어가고, 조직인은 조직에 이끌린다. 여기에 저자는 스스로 이끌어가지 않으면 안 되는 리더의 자질과 품성을 강조한다.

끝으로 의식의 변화를 위한 정신적 훈련으로 명상을 소개한다. 명상은 자기를 변화시키고 자신의 삶을 되돌아보게 한다. 명상은 자기이해에 이르는 길이요, 자기 내부를 들여다보는 것이다. 저자 자신의 교육현장에서 얻은 소중한 경험과 통찰력이 담긴 이 책을 통해 우리의 삶이 좀 더 의미 있고 가치에 충만하길 기대해 마지않는다.

- 김광명, **숭실대학교 철학과 교수**

이 책을 읽어보니 10여 년 전 읽은 데일 카네기(Dale carnegie)의 『인간관계론』이 생각난다. 요즘처럼 어려운 문제가 많이 발생하는 현대사회에서 이 한국판 인간관계론을 읽어보고 실천하기를 권하고 싶다. 사회생활은 시작에서 끝까지 나와 상대방의 심리관계인 것을 저자는 확실하게 가르쳐준다.

가족관계는 물론이고 동료직원 또는 거래처 사람들과의 관계개선과 발전을 위하여 항상 옆에 두고 싶은 책이다.

— 김용영, **세무사**

30년이 훌쩍 넘은 지기지우인데 책을 낸다니 더없이 기쁘다. 심리학이 전공이고 사람에 관한 연구가 남다른 터에 드디어 옥고가 나왔다. 우리가 흔히 겪는 삶의 문제들을 해결하는 쉽고도 유익한 방법이 녹아 있어 좋다. 읽으면서 해보라는 대로 따라 하면 삶의 무게를 덜어낼 수 있으니 독자들에게 권하고 싶어 서평을 자청했다.

— 김해겸, **경영시뮬레이션 전문가, 현 성균관대학교 초빙교수**

오랫동안 심혈을 기울인 저자의 역작에 격려를 보내며 감사하고 싶다. 자신을 변화시키는 데 도움이 되는 다양한 이론과 실천 방법이 구체적으로 펼쳐져 있다.

— 이번생, **목사, 기도하는 모임 K-EMP Meeting 회장**

이십 몇 년 전 기업교육 현장에서 처음 뵈었을 때 사람의 변화에 대해 고민하시던 모습이 떠오른다.

그동안 반평생을 탐구하셨던 인간 심리에 대한 고찰이 담긴 책이라고 생각한다. 우리 인생이 의미 있고 행복해지기 위한 모든 변화는 일상적 훈련이 따라줘야 가능하다고 믿고 그 방법을 제시해준다. 역시 산업교육 현장에서 쌓은 많은 경험 속에서 우러나온 통찰이 돋보인다.

— 남재봉, **LS그룹 인재육성부문장 상무**

수만 명의 종업원과 자동화될 수 없는 다양한 업무 영역이 산재하여 항상 공정과 소통 간에 많은 문제가 상존하는 조선해양 산업체에 근무하는 간부들에게 꼭 추천하고 싶은 책이다. 특히 실천 훈련까지 상세하게 설명해 주고 있어 금상첨화다.

갈등 없고 소통 잘 되는 대한민국을 위해서도 모든 국민들이 우선 한 달에 하루만이라도 이 책에 나온 '상대 중심적인 삶의 방식'을 실천해 볼 수 있다면 얼마나 행복할까?

— 남상태, **전 대우조선해양(주) 대표이사**

아이를 어떻게 키워야 할까? 무슨 학원에 보내며 무엇을 먹이고 어떤 미래를 준비해줘야 하나? 이런 의문으로 가득 찼던 내 삶이 이 책을 읽고서 머리를 크게 얻어맞은 듯 바뀌기 시작했다. 아이의 교육은 나로부터 출발한다는 것, 내가 긍정적이고 행복하면 아이도 바르게 자란다는 것을 쉽고 알기 쉬운 문장들을 따라가며 깊이 공감하게 되었다. 이 책은 아이를 위한 엄마의 자세를 바로잡을 수 있는 기회를 만들어준 내 인생의 책이다.

— 이윤경, **한국 문화관광연구원 문화산업정책실장**

세 아이의 엄마이자, 소아청소년과 의사로 일하면서 우리의 미래인 아이들을 어떻게 하면 행복하게 키울 수 있을까 고민하게 된다. 그간 우리나라는 너무나도 빠르게 발전하고 성장해 왔다. 이젠 너무도 부유한 환경을 누릴 수 있게 된 우리들. 그러나 우리의 행복지수는 왜 OECD 국가 중 최하위인 걸까? 이 책을 읽으면 그에 대한 해답을 알 수 있다. 우리는 그동안 남과의 비교와 경쟁을 통한 발전만을 중요시해 왔다. 이젠 행복을 돌아볼 때가 된 것 같다. 이 책으로 인해 나 자신과 내 아이들, 그리고 우리 아이들을 어떻게 행복하게 해줄지 다시 생각해 보는 계기가 되었다. 저자에게 진심으로 감사의 마음을 전하고 싶다.

— 이초애, **소아청소년과 의사**

세상이 바뀌지 않는다고 한탄만 한다면 행복해질 수 없다. 이 책은 심리 통찰로 행복에 대한 해답을 풍부한 깨달음으로써 제시하기 때문에 각자 처한 상황에 따라 주관적인 인생 공부를 하는 데 큰 도움이 될 것이라고 생각한다.

— 정순영, **전 한국여성정책연구원 수석연구위원, 현 Gender and Leadership 고문**

요즘처럼 계층 간에, 세대 간에, 지역 간에 갈등과 불신이 심각한 우리 사회의 '정신적 위기' 상황에서 많은 사람들이 반드시 탐독했으면 좋겠다는 생각이 드는 책이다. 저자는 뜨거운 열정과 끊임없는 연구와 각종 강연을 통해, 어떻게 하면 우리 사회 구성원 모두가 서로 믿고 돕고 희생하고 봉사하는 품격 높은 나라로 진화해 갈 수 있을까 하는 문제를 놓고 쉼 없이 씨름해 왔다.

다른 사람을 좀 더 이해하려고 노력하고 보듬어 주고 감싸주는 마음의 여유가 자꾸만 줄어만 가는 것 같은, 어쩌면 '살벌하기'까지 한 오늘의 세태를 마주하면서 송관 선생의 이 역작이야말로 바로 이러한 현대인들의 '마음의 병'을 치유해 줄 수 있는 '올바른 길잡이'라는 평가를 하고 싶다.

— 정학철, **전 동아일보 편집위원**

이 책을 가까이하면 평생을 편하고 즐겁게 살아갈 것 같다. 일평생 전문분야의 교육에 힘쓴 저자의 경험을 통하여 인생에 대한 의문을 갖는 사람에게 유용한 지혜를 제공하는 것에 감탄한다. 참으로 모든 사람에게 권하고 싶은 좋은 책이다.

— 한대희, **전 보라매병원 원장, 현 서울대학교 명예교수**

우리네 삶에서 바쁘다는 이유로 가장 중요한 인간관계를 뒤로 미루는 일들이 자주 있습니다. 이 책은 마력을 지녔는지 읽는 동안 나 자신이 점점 더 힐링되는 체험이 내재화되고, 다음이 더 궁금해졌답니다.

사람은 언제나 사랑, 인정, 이해를 먹고 사는 존재라는 것을 알면서도 타인에게 참 인색했던 나를 반성해 봅니다.

당신이 지금보다 좀 더 완전한 사람이 되고자 한다면 저자가 이 시대에 전하고자 하는 삶의 진솔한 모습이 묻어나는 이 책을 적극 추천합니다.

— 홍현자, **수녀, 서울성모병원 간호부원장**

반복해서 읽고 훈련을 하다보면
마음의 변화가 오고 즐거움을 찾을 수 있다

누구나 조직이나 가정에서 성공적인 삶을 이룩하여 행복해지기를 원한다. 여러 가지 책을 읽기도 하고 세미나에 참가하기도 한다. 그 결과 우리는 아는 것이 많아졌다. 그렇다고 우리가 변했다는 이야기는 아니다. 심리적인 문제는 그대로 남아있는 것 같아 안타깝다.

그 결과 기업주라면 잘못된 의사결정을 하여 더 많은 투자를 해야 하고, 조직의 구성원들은 자기의 심리적인 문제 때문에 조직에서 인정을 못 받거나 동료들로부터 협력을 얻지 못한다. 가정에서는 자기의 심리적인 문제로 인해 가족들의 삶이 힘들어진다. 너무 오랫동안 자기 문제를 방치해둔 결과라고 생각된다. 우리 대부분이 심리적인 문제를 안은 채 그냥 살아가는 것은 안타까운 일이다.

예를 들어 우리는 10대부터 가장 많이 들어온 말이 '긍정'이었다. 20대도 그랬고 30대도 그랬다. 60대가 돼서야 긍정이라는 말로부터 자유로워졌다. 나이가 들면서 긍정적이 되었다기보다는 포기했다는 표현이 맞을것이다. 20대에 위압적이었던 사람은 40대가 지나 60대가 되어도 위압적이다. 변화가 없다.

자기 자신을 가만히 들여다보면 가끔가다 나 아닌 남이 나를 지배하고 있는 것 같이 느껴질 때가 있다. 나다운 삶을 살아가고 있지 못하다는 뜻이다. 좀 심한 경우에 어떤 사람은 무언가 결정을 하려고 하면 마음 속에 아버지가 나타나 하지 말라고 간섭하신다고 한다. 성취를 할 때마다 돌아가신 어머니를 떠올리면서 '이제 만족하시나요?'라고 물어보는 사람도 있다.

나는 평소에 근엄했던 선배가 먼 세상으로 떠나기 직전에 보여준 해맑은 미소를 잊을 수가 없다. 그 미소는 모든 것을 내려놓았을 때 나오는 미소였다. 남과 비교해서는 그런 미소가 나올 수가 없다.

문제는 우리가 그 해맑은 미소를 잊은 채 내가 아닌 남의 모습으로 살아간다는 점이다. 그 미소는 빨리 찾을수록 우리 인생에 도움이 된다. 자기계발 서적을 읽는다고 찾아지는 것이 아니고, 교육을 받는다고 찾아지는 것도 역시 아니다. 우리가 변하기 위해서는 자기 자신의 문제에 대한 통찰이 있어야 하고 그 다음은 문제를 해결하기 위한 방법 그리고 꾸준한 일상적인 정신훈련이 있어야 한다.

이 책은 총 4장으로 구성되어 있으며 각 부분마다 마음의 통찰을 위한 문제제기와 심리 이야기를 중심으로 성격의 역동성을 설명하고자 노력했다. 아울러 가능한 한 글의 말미에 변화방법과 훈련방법을 기술하여, 스스로 변화할 수 있도록 했다. 이 책을 반복해서 읽고 꾸준히 일상 훈련을 하다보면 마음의 변화가 이루어질 것으로 확신한다. 내가 변하면 상대도 변해 가정이나 조직에서 승자의 삶이 구현되리라고 생각한다. <u>나는 위대한 일을 할 수 있다! 당장 행동으로 옮기자.</u>

2015년 5월 송관(宋貫)

• 차례 •

제1장 사고의 변화

제3장 관계의 변화

제4장 리더십의 확장

제1장

사고의 변화

인간은 사물 자체에 의해서가 아니라, 사물에 대해 갖는 생각에 의해서
괴로움을 받는다.

-에픽데투스(고대철학자)

1 | 사고는 변화가 필요하다

앞으로는 모바일과 인터넷 기술의 발달로 1인 기업이 더욱 많아지고, 사고의 유연성은 더욱 강조되는 시대가 올 것이다. 사고를 유연하게 하기 위해서는 즐겁고 행복한 마음 자세를 유지하는 것이 무엇보다 필요하며 또한, 사고의 유연성을 가로막는 경험과 판단, 자신의 제한된 시각 등에 대한 깊은 이해가 필요하다.

우리가 원하는 변화의 핵심은 사고의 변화에 있으며 사고가 변하려면 사고 내지는 사고변화에 대한 일반적인 지식과 함께 끊임없는 연습이 필요하다. 우리 내면의 문제를 고친다는 것은 사고를 변화시킨다는 의미이기도 하다.

우리는 제한된 시각으로 세상을 바라본다

사람들은 자기가 만든 마음의 철창 속에 갇혀 바보가 되고 있다. 이 철창을 하나하나 제거해야 사고가 유연해진다. 사람들은 자기만의 제한된 시각으로 세상을 보는 것에서 탈피를 해야 한다. 사물을 있는 그대로가 아닌 자기가 만든 철창을 통해서 보는 몇 가지 현상을 살펴보자.

첫째, 우리는 항상 보고 싶은 것만 보려고 하는 '선택적 지각'을 한다. 1997년 4월, 태국에서 발생한 환란은 홍콩을 거쳐 우리에게 다가오고 있었으나 정부는 '선체가 튼튼하니 걱정할 게 없다'고 큰소리쳤고, 기업과 금융사들은 '우리 배가 설마 침몰할까'하고 자위하였다. 모두들 보고 싶은 것만 보려고 했다. 결과적으로 우리는 참담하게 IMF 구제 금융을 받아야 했다.

둘째, 우리는 어디에 관심을 집중하느냐에 따라 사물을 달리 본다. 전체를 보는 사람, 부분에 집중하는 사람, 흰 부분에 집중하는 사람, 검은 부분에 집중하는 사람 등 관심의 집중에 따라 사물을 달리 보고 있다. 자기의 관심이 어디에 집중되어 있는지를 살피고 상대의 관심 또한, 어디에 집중되어 있는지를 살피는 것은 대단히 중요하다.

셋째, 우리는 건강, 지식, 경험과 배경에 따라 사물을 다르게 본다. 예를 들어 한약방을 하는 어떤 엄마가 아이를 데리고 산에 올라가는데, 아이가 땅 위로 올라온 나무뿌리들을 보고 "엄마! 저거 봐, 녹용이 사방에 천지네."라고 말했다는 이야기는 이를 증명한다.

넷째, 우리의 사고는 사물을 가능하면 의미 있는 형상과 형태로 조직화하려는 경향이 있다. 우리는 불완전한 것을 볼 때 부분으로 지각하기보다는 의미 있는 좋은 형상으로 만들어 전체를 보려고 하는 경향이 있다. 이는 광고에 많이 활용되고 추상 화가들의 작품 대상이 되기도 한다.

다섯째, 우리의 선입관은 정확한 판단을 방해하고, 최초에 형성된 인식은 잘 바뀌지 않는다. 예를 들어 아직 상관의 이미지가 형성 안 된 상태에서 오늘 새로 부임 온 상관이 '권위적이고 무섭다'고 옆 사람이 말하면 선입관을 심어준 형상이 되어 새로 부임 온 상관을 있는 그대로 보기가 어려워진다.

여섯째, 우리는 매사에 '전(前)과 동(同)'이란 사고를 하는 경향이 있다. 사람들은 아침저녁으로 달라지건만 10년 만에 만난 친구를 변함없이 전과 똑같이 취급하는 경향이 있다. 인사고과를 할 때도 많은 사람들이 시간을 무시하고 전과 같다는 생각만으로 처리한다. 과거에 우수한 성적을 받은 사람은 계속 우수한 성적을 받고 나쁜 성적을 받은 사람은 계속 나쁜 성적을 받는다. 우리가 구체적 기간을 정해서 하는 이유는 이러한 것을 방지하기 위함이다.

일곱째, 우리는 누구나 자기 자신만의 독특한 사고 규칙이나 패턴을 가지고 있다. 자신은 즐기지 못하면서 타인을 즐겁게 해주는 사람, 완벽한 사람 등 어떤 패턴이 있다.

이러한 생각의 현상들을 하나하나 제거하거나 완화시켜야 우리는 사물을 있는 그대로 볼 수 있고 생각도 유연해지며 사람과의 관계에서 문제점에 대한 실마리도 쉽게 찾을 수 있게 된다.

우리는 경험으로 판단한다

언제인가 안개가 잔뜩 낀 날 집사람과 관악산에 올라갔다. 얼마나 올라갔을까 앞에는 안개 위로 바위가 하나 솟아있고, 멀리 산 정상만 바라보일 뿐 산 전체가 안개로 뒤덮여 있었다. 앞뒤를 구분할 수 없고 길도 보이지 않았다. 관악산에서는 좀처럼 보기 힘든 운해(雲海)였다. 우리 부부는 그 후 안개 위로 솟아올라 있던 바위를 안개바위라고 불렀다. 관악산에는 촛불바위, 장군바위 등 이미 알려진 바위가 많이 있다. 그러나 안개바위는 우리 둘만이 아는 바위 이름이다.

르네 마그리트(Rene Magritte)가 그린 '이미지 반역'이라는 이름의 그림이 있다. 그런데 파이프를 묘사한 그 그림에는 '이것은 파이프가 아니다.'라는 묘한 문구가 적혀있다. 사람들은 그 그림 앞에서 한참 생각한다. 분명 파이프인데 왜 파이프가 아니라고 했을까? 작가의 의도가 뭘까?

사실 우리가 안개라고 하자고 했으니까 안개가 된 것이고, 파이프라고 부르자고 했으니까 파이프가 된 것이다. 그러나 사람들이 명칭을 부여한 순간 생각의 폭은 좁아진다. 작가는 그림을 통해 인간의 과거 경험, 편견 등을 꼬집은 것이다.

우리가 벚꽃을 바라볼 때 어떤 사람은 '벚꽃이 예쁘다'고 하고 어떤 사람은 '벚꽃은 별로'라고 한다. 이 차이는 왜 일어나는 것일까? 이것은 경험의 차이이다. 경험은 기억이 누적된 과거 기억의 산물이다.

1초에 천백만 개의 정보들이 감각기관에 몰려오는데, 우리가 감지하는 것은 고작 40개에 불과하며, 이것도 자기중심적으로 감지하여 이를 뇌에 저장한다고 한다. 부정확한 자료가 입력된 우리의 기억은 기억하는 순간부터 부정확하다. 또한, 이 기억이라는 것은 고정되어 있지 않고 최초의 감정, 믿음에 따라 재구성된다. 오래된 기억도 새로운 기억으로 끊임없이 재구성된다. 우리의 기억은 우리가 평가하는 것보다 객관적이지 않다. 우리는 이러한 기억으로 형성된 경험을 가지고 판단한다.

따라서 우리가 벚꽃을 바라볼 때 '예쁜 꽃이구나!'라고 판단하는 순간, 이미 이 꽃을 100% 있는 그대로 바라보는 것은 아니다. '나'를 개입시키지 말고 있는 그대로 객관적으로 바라보아야 100% 그대로 바라볼 수 있게 된다. '예쁘다, 밉다'고 하는 판단은 과거 경험의 결과이다.

인간관계의 어려움은 상대를 판단하기 때문이다. 과거의 경험이 머리에 떠오르면서 상대를 '좋다, 나쁘다, 옳다, 그르다'고 판단하는 순간 상대를 있는 그대로 볼 수 없고 내가 보고 싶은 대로 본다. 결국 상대와 있는 그대로 마주하기 어렵게 되니 친밀감이나 따뜻한 감정의 교류도 어려워진다. 장점도 볼 수 없고 장점이 안 보이니 상대를 인정할 수도 없고 칭찬도 할 수 없다. 서로 판단하지 않으면 있는 그대로 상대를 인정하고 차이를 존중할 수 있다. 상대를 비교하지도 않으며 비교의 함정에 빠지지도 않는다.

판단하기 때문에 문제가 발생하는 경우가 하나 더 있다. 모든 행동 이면에는 긍정적인 의도가 숨어 있으나 판단을 하면 상대의 긍정적인 의도를 잘 알아차리지 못한다.

신경생리학자인 벤저민 리벳(Benjamin Libet)은 무엇인가 움직이려는 의도는 실제 행동이 일어나기 1/5초 전에 일어난다고 한다. 의도가 먼저 일어나고 1/5초 뒤에 행동이 일어난다는 것이다. 우리가 상대를 판단하는 순간 이 의도를 알아차리지 못한다.

어린아이는 엄마가 곁에서 놀아주었으면 하는데, 엄마가 바쁜 경우가 있다. 이때 어린아이는 심술이 나서 일부러 식탁 위에 있는 우유를 엎질러 버리거나 옆에 있는 동생을 꼬집기도 한다. 그러면 부모는 대개 "그러면 안 되잖아!"라고 말하면서 꾸짖는다. 그렇다고 문제가 해결되지는 않는다. 왜냐하면 이 말("그러면 안 되잖아!")은 '옳다, 그르다'의 판단 결과로 나왔기 때문이다. 아이가 정말로 원하는 것은 '나에게 관심을 가져 주기를' 또는 '나를 돌봐 주기를' 바라는 것이었기 때문이다.

어린아이가 무엇인가 마음에 안 드는 행동을 한 경우, 그때는 어린 아이가 말로 조리 있게 표현할 수 없어 돌출행동을 일으킨 것으로 보면 된다. 이때 아이가 실제로 원하는 '긍정적인 의도'가 무엇일까 생각하는 자세가 필요하다.

내 집사람은 자기가 원하는 대로 행동을 못 하면, 꼭 한마디 잔소리를 한다. 그때 농담 삼아 "짐의 깊은 뜻을 어찌 알리요!"라고 한마디 한다. 잔소리하기 전에 긍정적인 의도를 파악해 달라는 뜻이다.

과거 경험에 의한 판단을 하면 상대가 있는 그대로 보이지 않고, 모든 행동 이면에 숨어있는 긍정적인 의도를 알아차릴 수도 없다. 따라서 '좋다, 나쁘다'고 판단하지 않고 객관적으로 사물을 바라보는 습관을 길러야 한다. 길을 걸을 때도 판단하지 말고 대상을 바라보는 연습을 꾸준히 하면 판단하지 않고 상대를 바라볼 수 있다. 쉬운 일은 아니다. 그렇다고 어렵지도 않다.

예를 들면, 앞에 걸어오는 사람을 바라볼 때 '잘생겼다, 못생겼다.'라고 판단하지 말고 있는 그대로 객관적으로 바라보려고 노력하면 사물을 객관적으로 있는 그대로 바라보는 습관을 기를 수 있다.

생각이 울적한 마음을 만든다

'생각을 바꿔봐!'라는 말은 우리가 흔히 들을 수 있는 이야기지만 더 자주 들어야 하는 이야기이다. 우리의 감정이나 행동에 직접 영향을 미치는 생각은 생각 전의 생각, 다시 말해 어떤 상황에 대해 생각으로 굳어지기 전에 생각해보는 반응이 먼저 일어나는데, 이러한 '생각해보는 반응'이 실제로는 부정적이거나 긍정적인 행동을 일으키는 직접적인 원인이 되기도 한다. 그러나 잠시 자세히 들여다보지 않으면 휙 하고 지나가기 때문에 그 실체를 깨달을 수가 없다.

생각으로 굳어지기 전에 빠르게 스쳐 지나가는 이 생각을 '자동사고'라고 한다. 상대가 야단치거나 화를 내면서 덤벼려고 했을 때, 순간적으로 스쳐 지나가는 생각이 자동사고이다. 상대의 이야기를 듣는 동안 어떤 생각이 떠오르고 이 생각 때문에 상대의 이야기를 중간에 자르고 끼어드는데 이때 떠오르는 생각을 '자동사고'라고 한다.

'자동사고'는 합리적인 것뿐만 아니라 비합리적인 것도 있다. '자동사고'는 빨리 스쳐 지나가고 금방 잊어버리기 때문에 우리는 사건이 감정을 일으키는 줄로 착각하기도 하나 실은 사건에 대한 생각, 즉 자동사고가 감정을 일으킨다.

부정적인 감정, 게으름, 마음의 문제로 일어나는 외로움, 시험불안이나 발표불안 등은 모두 비합리적인 자동사고가 원인이다.

생각은 머릿속에 떠올랐다가 휙 지나가기 때문에 이것을 찾기가 쉬운 일만은 아니나, 어떤 사건이나 상황에 대해 떠오른 부정적인 생각이 무엇인지 가려내서 긍정적이고 합리적인 생각으로 바꾸는 연습을 꾸준히 하면 가능해진다. 우리는 어떤 것에 대하여 기분이 나쁠 때마다 조금 전에 생겨난 부정적 생각이 무엇인지 가려내서 긍정적이고 합리적인 생각으로 바꾸려는 노력이 우선 필요하다.

"나는 지금 디프레스(depress) 되어 있어, 만사가 귀찮아!"라고 말하는 사람을 주변에서 가끔 볼 수 있다. 이렇게 디프레스 되어 있으면 사람 만나기도 싫고 책도 읽기 싫고 아무것도 하고 싶지가 않다. 그런데 이런 울적한 마음은 사건 때문에 발생하는 것이 아니라 사건과 관련된 우리들의 부정적인 생각 때문에 일어난다.

따라서 기분을 전환시키기 위해서는 사건과 관련된 부정적인 생각을 찾아내 긍정적으로 재구성하는 것이 필수다.

자기
성장
훈련

합리적 사고 연습 1

아이가 학교에서 집에 오자마자 숙제는 안 하고 게임만 하고 있다. 기분이 좋지 않았다. 마음이 불안해지고 우울해졌다. 내 마음이 불안해지고 우울해진 것은 상황에 대한 자동사고 때문이다. 순간 마음에 떠오른 자동사고를 짐작해 보니 '이놈이 커서 장차 뭐가 되려고 이러는지!'였다.

사례 정리

1. **상황**: 기분 나쁜 감정을 일으킨 사건이나 상황은 무엇이었습니까?

  - '아이가 학교에서 집에 오자마자 숙제는 안 하고 게임만 하고 논다.'

2. **불합리한 자동사고**: 어떤 생각이 휙 스쳐지나갔는지 짐작해보시기 바랍니다.

  - '이놈이 장차 커서 뭐가 되려고 이러는지!'

3. **감정**: 위 상황에서 발생한 부정적인 감정(짜증, 우울, 불안, 분노 등)은

무엇이었습니까?

- '불안과 우울한 감정'

4. **합리적 사고**: 자동사고를 반박하여 생각의 오류를 발견하고 긍정적

사고를 이끌어 내주시길 바랍니다.

- '아이가 숙제를 안 한다고 한 것은 아니다. 게임을 하고 노는 것은 어찌 보면 당연

한 일이다. 내가 너무 확대해석했다. 단지 게임 시간은 규제가 필요하겠지.'

- 이렇게 생각을 고쳐먹으니까 걱정스럽고 불안한 감정이 가라앉았다.

• 최근에 경험한 좋지 않은 감정을 일으킨 상황을 기록하고 그때 발생

한 감정, 자동사고와 합리적 사고를 기록해주시기 바랍니다.

1. 기분 나쁜 감정을 일으키게 한 사건이나 상황은 무엇이었습니까?

2. 어떤 생각이 휙 스쳐지나갔는지 짐작한 내용을 적어봅시다.

3. 이 상황에서 발생한 부정적인 감정(짜증, 우울, 불안, 분노 등)은 무엇
   이었습니까?

4. 이 상황을 반박하여 생각의 오류를 발견하고 긍정적이고 합리적인
   사고를 이끌어 주시기 바랍니다.

생각을 바꾸는 기술의 발전

세계미래회의 국제대회에서 조엘 가로(Joel Garreau, 워싱턴 포스트 편집국장)는 앞으로 머지않아 인류는 정보화 시대와 작별하고 의식기술 시대 즉, 기억이나 인간의 마음을 탐구하는 시대가 온다고 주장했다. 미래학자인 제롬 글렌(Jerome Glenn) 박사는 2013년 부경대에서 '의식기술'의 시대란 첨단기술이 인간의 몸속으로 들어오고 인터넷을 통해 인간과 인간, 인간과 사물 등 다양한 연결이 가능해지는 시대라고 말했다.

위대한 학자들에 의해 우리가 사는 세상의 전망은 한층 더 밝아지고 있다. 마음 분야도 예외가 아니다. 한 학자가 위대한 연구를 하면 그 뒤를 이어 또 다른 위대한 학자가 나타나 더 발전된 이론을 내놓고 있다.

인간의 마음을 탐구하는 분야에서 한 부분을 담당하는 심리학은 19세기 분트(Wilhelm Wundt)가 인간의식을 연구하기 위하여 실험실을 열었는데 이것이 현대 심리학 개막의 시초라고 본다.

그 뒤 마음의 기능을 연구한 윌리엄 제임스(William James)가 '사고가 행동을 지배한다.'라고 주장한 것은 그 당시에는 획기적인 일이었다. 그는 "인간이 어떠한 계획이든 목표든, 굳은 신념과 기대를 가지고 반복하고 반복하면서 염원을 하면, 그것은 반드시 잠재의식에 영향을 미쳐서 그 사람의 적극적 행동의 원천이 된다."라고 하였다.

가령 매사에 감사하는 언동을 반복해서 하면 어려운 일도, 슬픈 일도, 괴로운 일도 사라지고, 매사에 불평불만을 반복해서 하면 스트레스가 해소될 것 같지만 오히려 그 반대라고 했다. 그는 잠재의식 속에 어두운 그림자가 드리워지고, 이것이 부정적 스트레스의 주원인으로 작용한다고 주장하였다.

뇌 분야에서는 1960년대에 로저 스페리(Roger Sperry)가 간질 치료를 위해 두뇌 해부 실험을 한 결과, 두뇌가 실제로는 우뇌와 좌뇌 두 개로 구성되어서 이를 훈련시키면 무한한 뇌의 기능을 증진시킬 수 있다고 주장하였다.

이어서 '일반의미론'[1]의 창시자인 알프레드 코즈브스키(Aflred Korzybski)는 심적 작용의 이미지를 설명하기 위하여 '지도'라는 개념을 도입했다. 즉, 언어의 지도는 말에 관계된 지도 혹은 '그림'으로서, 입을 열어 말을 할 때는 언제라도 말의 지도를 만들고 있는 것이라고 했다.

'내년 초에 반드시 금연을 할 것이다.'라는 말은 미래의 사항에 대한 언어의 지도이고, '당신 미워!'는 감정영역의 지도이다. 당신이 만든 말의 지도가 실제라면 그것을 신뢰할 수 있다. 만일 그것이 실제가 아니면 성가신 일이 생긴다. 현지를 적절히 표시하지 않는 지도에 근거해 행동하면 우리들은 항상 궁지에 빠진다. 인간의 사고는 말(언어)로 하기 때문에 이처럼 말에 중점을 두다 보면 상대의 말을 왜곡할 수도 있고 상대를 이해하지 못할 수도 있다.

인간의 이성을 강조한 엘리스(Albert Ellis)는 우리의 말은 일반화,

---

1) 코즈브스키는 'Map is not territory'라는 유명한 말을 남겼다. 지도가 지형이 아닌 것처럼 언어는 상징에 불과해 언어는 지도와 똑같이 실제가 아니므로 실제 사물과의 혼동에서 생기는 장애를 막는 일을 목표로 한 것이 일반의미론이다.

난성, 흑백논리 등과 간은 속성을 지니는데 이러한 속성이 불합리한 사고, 행동, 감정을 만들어 간다고 하였다. 한 예로 입사 면접시험 장소에서나 브리핑을 하기 전에 유난히 떠는 사람이 있다. 손에 땀이 나는 사람도 있고 가슴이 두근거리거나, 오줌이 자주 마려운 사람도 있다.

이 현상들은 과도하게 긴장을 해서 생긴 결과인데 이런 사람들은 대개 마음속으로 이 면접시험에는 반드시 붙어야 하는데, 반드시 합격해야 하는데와 같은 당위적 사고 즉, '반드시', '해야 한다'와 같은 비합리적, 부정적 사고를 하기 때문이라고 설명했다. 다시 말하면 역경이나 상황에 대한 부정적 사고가 부정적 감정이나 행동을 일으킨다는 것이다.

똑같이 실직을 당했는데 어떤 사람은 역경을 훌훌 털어 다 잊고 다시 친구를 만나고 구직활동을 하는가 하면, 우울한 상태가 오래되어 친구도 만나지 않고 집에만 틀어박혀 있는 사람도 있다. 후자의 경우는 실직에 대한 부정적인 사고가 부정적인 행동을 일으킨 결과라고 했다.

앞으로 사람의 마음과 행동을 연구하는 학문인 심리학은 컴퓨터 과학기술, 인지과학, 신경과학 등 인접 학문의 발달과 함께 인류의 숙원인 우리의 뇌를 한층 더 똑똑하게 만들어 갈 것이다. 국가 간의 격차는 결국 뇌 과학의 격차로 이어질 것이다.

지금으로부터 30년 전에 1차 TED 강연에서 터치스크린을 언급했던 네그로폰테(Nicholas Negroponte) 교수는 제2차 TED 강연에서 셰익스피어 문학도 알약으로 먹는 시대가 온다고 예언했다.

그동안 거의 변함이 없었던 마음 분야에서도 획기적인 성과가 기대되는 대목이다.

2 | 사고에는 성장을 가로막는 조건이 있다

생각을 가로막고 성장을 방해하는 조건은 3가지 차원이 있다. 하나는 행동을 방해하는 두려움이고 또 하나는 생각에 한계를 긋는 것이며 세 번째는 선택적 지각에 의한 고정관념 강화이다.

행동을 방해하는 두려움

어린 시절 이발소에 가서 머리털을 자르고 난 다음 면도를 하기 위해 의자를 뒤로 젖히면, 항상 뒤로 나자빠질 것 같은 두려움에 빠지곤 했었다. 하루는 극심한 두려움으로 면도 도중에 그냥 일어나고 싶은 마음이 생긴 적도 있었다.

이때 뒤로 넘어져 다쳐봐야 얼마나 다치겠느냐 싶어 오히려 더 힘을 주어 뒤로 넘어가 보았다. 그러나 뒤로 넘어지지 않고 그대로였다. 그날 이후 나는 두려움이 사라졌다. 이 이야기를 임상심리학을 하는 선배에게 해 주었더니 두려움은 바로 행동으로 극복할 수 있다고 일깨워 주었다.

두려움이 지배하면 행동을 할 수가 없다. 어떤 새로운 변화도 기대

할 수 없다. 창의성이나 사신감도 사라져버린다. 두려움을 무릅쓰고 행동하다 보면 두려움을 극복하는 기술도 늘어나고, 경험의 폭도 넓어지며, 내면의 힘도 더욱 강해진다. 원하지 않는 일을 하는 이유도, 하고 싶은 일을 하지 못하는 이유도 다 두려움 때문이다.

그런데 두려움은 자기가 만들어낸 허상일 뿐이다. 2003년 이라크 전쟁 당시 바그다드가 포위되면서 전투가 치열해질 무렵 미국의 종군여기자였던 2명은 공포에 질려 그냥 후방으로 가버렸다. 이때 이들에게 "여기서 도망치면 앞으로 어떤 일이 있을 때마다 항상 도망만 치고 살 것 아니냐?"라고 만류했던 사람이 조선일보의 강인선 기자였다. 강 기자는 두려움을 극복하면서 매일 기사를 송부한 결과 미국보다 한국에서 좀 더 빠르고 정확한 기사를 받아 볼 수 있었다.

며느리가 학교에서 딸아이를 못살게 구는 아이가 있어 가끔 딸아이가 울고 온다고 어떻게 하면 좋겠느냐고 하소연했다. 나는 항상 얻어만 맞는 겁쟁이 아이가 될까 봐 걱정이 되었다. 하루는 그 손녀딸보고 아이가 계속해서 못살게 굴면 우선 눈을 부릅뜨고 너도 대들어 보라고 했다. 사람이나 동물도 다 시선을 제일 두려워한다고 이야기해 주었다. 겁쟁이 손녀딸은 곤란하다고 단호히 말해주었다. 그 손녀딸이 지금은 부회장이 되어서 학교에 잘 다니고 있다. 고마울 뿐이다.

두려움을 극복하기 위해서는 사랑의 힘을 사용하는 법도 배워야 한다. 두려움과 반대되는 감정은 사랑이기 때문이다. 분노, 미움, 걱정, 죄의식 등 부정적 정서는 두려움으로부터 나오고 행복, 만족, 평화, 기쁨 등과 같은 긍정적 정서는 사랑으로부터 나온다.

두려움은 과거나 미래 중 하나와 관련이 있으며 사랑만이 현재의 감정이다. 현재를 사는 것은 두려움이 아닌 사랑 속에서 사는 것이고 사랑 속에서 사는 것이 인간의 목표이기도 하다.

두려울 때마다 자애명상을 하는 사람을 보았다. 그는 강의를 하기 전에 두렵고 떨리면 자애명상을 잠시 했다. 강의 시작 전에 잠시 눈을 감고 학생들을 마음에 떠올리고 자애로운 미소를 보내면서 '평화로우소서~ 행복하소서~ 건강하소서~' 이렇게 몇 분 간단하게 자애명상을 한 뒤 마이크를 잡으면 두려움이 사라져 재미있게 강의를 할 수 있다고 했다.

아무도 없는 어둠 속에서 어쩌다 사람을 만나면 무섭다. 이때도 간단하게 자애명상을 하면 두려움이 사라진다. 두려움은 생각을 가로막고 행동을 가로막는다. 그러나 두려움은 행동으로 고칠 수 있고 사랑으로 완화시킬 수도 있다.

한계를 긋는 생각

우리는 일이 잘 안 풀릴 때 주어진 조건을 핑계로 삼는 경우가 많다. 나이가 들어서 할 수 없고, 연줄이 없어서 할 수 없고, 피부가 검어서 할 수 없다고 한다. 그러나 이 세상에 여건이 완벽한 사람은 하나도 없다. 다만 노력할 뿐이다. 자신의 한계를 극복하면 위대한 일을 할 수 있다. 성공한 사람은 자신의 한계를 극복한 사람이다. 생각에 한계를 긋는 순간 자칫하면 위기가 찾아올 수 있다.

자신의 생각에 한계를 긋는 방법은 여러 가지가 있다. 그중의 하나는 스스로 '꼬리표'를 달아 한계를 정하는 사람이다. '나는 신경질적인 사람이야', '나는 책임감이 부족해', '나는 피로를 자주 느껴', '나는 걱정거리가 많아'라고 하면서 할 수 없다고 말한다.

스스로 주입한 한계는 제거해야 한다. 성공한 사람들은 모두 평생 자신의 한계를 제거하기 위해 노력한다. 자신의 한계를 알고 그 한계를 극복하기 위해 노력하는 사람만이 사회에서 환영을 받는다.

〈강연 100℃〉라는 TV 프로그램에서 네 살에 소아마비를 앓았으나, 인생을 가로막았던 수많은 장애와 틀을 깨고 세계적인 성악가가 된 최승원 씨가 환한 웃음을 띠면서 "나의 한계는 내가 정한다."라고 멋지게 강의했다. 두 팔이 없고 다리 하나가 짧은 가스펠 가수 레나 마리아(Lena Maria)가 웃음을 머금은 채 노래를 불렀다. 시청자들은 눈물을 흘렸다. 그녀는 수영도 하고, 자수도 놓고, 차 운전도 한다. 정유선 박사(조지 메이슨대 교수)는 두 살부터 뇌성마비를 앓고 있는 사람이다. 국내에서 고등학교를 졸업하고 미국에 건너가 언어장벽을 극복하고 대학에 들어가 엄청난 노력으로 2년 만에 교육 과정 다섯 과목에서 올 A를 받았다. 그녀는 자신의 책『나는 참 괜찮은 사람이고 싶다』에서 "내가 생각하는 장애란 스스로 심리적 한계를 긋고 자신과의 싸움을 쉽게 포기해버리는 행위 그 자체다."라고 말했다. KBS 〈문화유산견문록〉에는 책 36권을 수만 번씩 읽었다는 조선 최고의 다독가인 김득신이 소개되었다. 그의 묘비명에는 '재주가 남만 못하다고 스스로 한계를 짓지 마라'고 쓰여 있다. 그리고 모든 것은 노력하기에 달렸다고 마무리 지었다.

정유선 박사나 조선 시대의 시인 김득신이나 자기의 한계를 엄청난 노력으로 극복한 사람들이다.

누구나 슬럼프에 빠질 수 있다. 이때 슬그머니 마음속에서는 핑곗거리를 찾게 되는데 이는 경계해야 할 일이다. 생각을 제한하고 속박하는 것 중에는 마음의 틀이 있다. 자기가 만들어 놓은 마음의 틀 속에서 자신을 묶어놓고 '나는 안 돼, 나는 안 돼.'라고 내부대화를 하기도 하고 남들이 만들어 놓은 틀 속에 갇혀 '이렇게 해야 한다'고 자신을 옭아매기도 한다.

우리 인간의 의식 즉, 마음은 과거의 경험과 아동기에 만들어진 각본을 바탕으로 우리 삶을 스스로 제한하고 속박한다. 그리하여 세상을 바라보는 시선은 신념, 편견, 고정관념이 되어 인생의 방향을 결정짓는다. 신념, 편견, 고정관념은 우리 자신의 생각을 가로막고 성장을 가로막으며 현실을 있는 그대로 보지 못하게 하여 우리 삶을 제한한다.

논어에 이르길, '군자불기(君子不器)'라 했다. 군자는 그릇처럼 자기를 고정하지 않는다는 말이다. 사람이 실패하느냐 성공하느냐는 우리를 제한하고 속박하는 마음으로부터 얼마나 벗어날 수 있는가 없는가의 차이에 달려있다고 해도 과언이 아니다.

스티브 잡스(Steve Jobs) 처럼 성공한 사람 대부분은 기존의 틀을 과감히 벗어던진 사람들이다. 그들은 비록 남들에게 무모하게 보이는 도전일지라도 목표 달성을 위해 항상 방법을 찾으면서 도전했다.

자기의 한계 찾기

● 시간도 충분하고 돈도 많이 있다고 할 때 앞으로 무슨 일을 하고 싶
습니까?

_____

_____

_____

_____

● 이때 장애요인은 무엇입니까?

_____

_____

_____

_____

• 앞에 적은 장애요인이 자기 스스로 만들어 놓은 한계일 가능성이 많다. 이 한계를 넘어서는 일이야말로 성공을 위한 첫 번째 조건이다. '나는 위대한 일을 할 수 있다!!'라고 큰소리로 외쳐보자.

정주영의 자서전『시련은 있고 실패는 없다』에는 다음과 같은 글이 있다. "나는 인간이 스스로 한계라고 규정짓는 일에 도전하여 그것을 이루어내는 기쁨을 보람으로 기업을 해왔고 오늘도 도전을 계속하고 있다."

사람은 눈에 보이는 것, 귀에 들리는 것을 그대로 받아들이지 않는다. 그 대신 개인이 갖고 있는 심리적 욕구에 의하여 자기 자신도 모르게 자극 자체를 왜곡하여 '선택적 지각(selective perception)'을 한다.

가난한 집에서 자란 아이들과 부유한 집에서 자란 아이들을 대상으로 백지 위에 25센트짜리 동전을 그려보라는 실험을 했다. 결과는 부유한 집단에 속하는 아이들보다 가난한 집단의 아이들이 동전 크기를 평균적으로 더 크게 그렸다. 그 이유는 가난한 집 아이들이 돈에 대한 욕구가 더 컸기 때문이다.

사람들은 자신이 듣기 좋은 말만 듣고 듣기 싫은 말에는 귀를 기울이지 않는 경향이 있다. 새 박사 윤 교수는 '새' 소리만 나오면 생기가 나나 다른 소리는 "몰라요, 몰라요."라고 말한다. 알고 싶지 않은 것에 대해서는 적극적으로 정보를 차단해버려 아무리 말을 해도 알아듣지 못할뿐 아니라 알려고 하지도 않는다.

마음속에 벽을 만들고 자신이 알고 싶지 않은 정보는 철저히 차단하는 사람들도 있다. 다른 사람과 늘 싸우는 사람들도 그중의 하나이다.

사람들이 얼마나 객관적이지 못 하고 비이성적이냐 하는 것은 '선택적 지각'에 대한 실험 결과를 봐도 알 수 있다. 아이비리그(Ivy league)에 속하는 명문인 프린스턴대학과 다트머스대학 간에 미식축구 시합이 있었다. 이 시합은 매우 중요한 경기여서 두 학교 선수들의 반칙도 심했고 분위기도 매우 험악해 선수들 코가 부러지기도 하고 다리가 부러져서 들것에 실려 나가기도 했다.

이와 같은 험악한 분위기로 시합이 끝난 뒤 다트머스대학의 하스토프(Albert Hastorf) 교수와 프린스턴대학의 캔트릴(Hdley Cantril) 교수는 두 학교 학생들에게 시합의 처음부터 끝까지를 촬영한 기록영화를 보여주었다. 기록영화를 보는 동안 학생들에게 규칙 위반을 하나하나 기록하게 했고 어느 팀이 잘못했는지 누가 반칙했는지 기록하게 시켰다.

결과는 두 학교 학생들 모두가 자기 학교 선수에게 찾아낸 반칙 횟수보다 상대 선수에게 찾아낸 반칙 횟수가 무려 2배나 많았다.

이와 같은 실험으로 미루어 볼 때 사람들은 정보를 그냥 받아서 저장하지 않고 상대 집단의 가장 나쁜 부분만을 지각하고 스스로의 약점은 부정하며, 자기 집단의 가장 좋은 부분만을 지각하고 상대 집단의 장점은 부정하는 경향이 있다.

사람들은 새로운 정보를 접할 때 자신이 현재 믿고 있는 사실과 상반되면, 그 정보를 받아들이려 하지 않는다. 또한, 자신의 욕구를 충족시키거나 자신의 신념과 일치하는 메시지만 받아들이고 기존의 신념과 갈등을 일으키는 메시지는 부정하거나 왜곡하는 경향이 있다. 이와 같은 이유는 생각의 혼란을 감소시키기 위하여 객관적인 세계를 왜곡하기 때문이다.

예컨대 우리가 아주 친한 친구에 대해서는 부정적인 정보를 받아들이지 않으려고 하는 이치와 같다. 사람들은 최소한 어느 정도까지는 보고 싶지 않거나 영향받고 싶지 않은, 또는 고려하고 싶지 않은 메시지를 덮어버리는 능력이 있으며, 자기가 보고 들고자 선택한 것을 보고 들을 수 있는 능력이 있다.

무상급식에 관한 방송토론이 끝난 뒤 상대방의 반대 의견을 들어보고 나서 생각이 바뀌었다고 답한 사람은 2.1%에 불과했고 60.4%는 전혀 생각이 바뀌지 않았다고 한다. 오히려 생각이 확고해졌다는 사람이 27.5%에 달했다고 한다.

사람은 믿고 싶은 사실만 믿고, 믿고 싶지 않은 사실은 무시하는 심리가 있어서, 개인의 선입관에 근거한 관찰과 증거만을 모아 자신의 고정관념을 강화하기 때문에 합리적이고 이성적인 판단을 하기가 불가능하다.

직원들은 회사에서 발생한 사건을 자기가 가진 기존의 신념에 맞추어 해석하고 자신의 정당성을 주장하려고 노력할 것이므로 결재를 하거나 보고서를 받을 때 객관적이고 이성적인 판단을 하는 것은 리더의 몫이다.

자기
성장
훈련

고정관념 풀기

가정과 직장에서 갖고 있는 고정관념을 5개 이상 적고, 고정관념으로 인한 문제 상황을 기록한 다음 이러한 고정관념이 없다면 삶에 어떤 변화가 올 것인지 적어봅시다.

예시

고정관념 : 매사에 끝장을 본다.

문제상황 : 안 되는 줄 알면서 계속 매달린다.

변화 : 사실을 근거로 종합적으로 판단하여 안 된다고 결론이 나면 더 이상 매달리지 않는다.

고정관념1 :

문제상황 :

변화 :

고정관념2 :

문제상황 :

변화 :

고정관념3 :

문제상황 :

변화 :

고정관념4 :

문제상황 :

변화 :

고정관념5 :

문제상황 :

변화 :

---

3 | 정신훈련은 노력한 만큼 보상을 받는다

마음의 변화는 정신훈련이 필요하다. 좋은 이야기를 듣고 깨닫기만 한다고 마음의 변화까지 오지는 않는다. 하루 이틀 훈련한다고 마음의 변화가 오는 것도 아니다. 자기에게 필요하고 맞는 정신훈련을 선택하여 꾸준히 매일매일 하지 않으면 변화는 기대하기 어렵다.

내면의 변화는 마음의 울타리를 넘는 것부터 출발해야 한다. 울타리를 넘어서야 조건 없이 사랑하고 친밀감을 느끼면서 교감할 수 있다. 트라우마와 상실은 울타리를 만들고 긍정에너지를 파괴한다. 울타리를 넘어서면 우리는 즐겁고 유쾌하고 활기찬 생활을 할 수 있다. 마음은 편해지고 평화로워지며 자애로워질 수 있다.

스트레스를 미연에 방지하기 위해서, 외로움을 극복하기 위해서 그리고 사고의 유연성을 높이고 우리의 삶을 개선하고자 할 때도 정신훈련이 필요하다.

지금 여기를 살아가기 위해서, 판단 없이 상대를 있는 그대로 바라보기 위해서, 변화의 흐름에 민감해지기 위해서도 정신훈련은 필요하다. 자기 직업을 통해서 나다움의 길을 걷고 싶다면 정신훈련을 해야 한다.

　　직장인을 조사한 통계에 따르면 직장인 24%가 거의 매일 1회 이상 울컥한다고 한다. 주 2~3회 정도 울컥하는 사람도 25%라고 하니 직장인 3명 중 1명은 직장에서 마음 편한 날이 거의 없는 셈이다. 그런데 그 이유가 대부분 상사의 잔소리 때문이라고 하니 상사 없는 세상이 그립다고나 할까?

　　그러나 상사 없는 세상이 그리워 직장을 때려치고 막상 넓은 세상에 나와 자유업이라도 해보면 거기엔 세무서다 관청이다 하여 새로운 상사가 있다는 것을 깨닫는다. 또한, 직원이나 고객도 또 다른 의미의 상사가 된다는 사실도 알게 된다. 결국 세상을 살아가려면 그런 틀 속에서도 자유로움과 평화로움과 즐거움을 느낄 수 있도록 내면의 변화가 필요하다.

　　내면의 변화는 고대 철학자들로부터 현대 심리학자에 이르기까지 항상 관심의 대상이 되어왔다. 고대 스토아학파의 철학자인 에픽테토스(Epictetus)는 "인간은 현상이 아니라 현상에 대한 자신의 생각 때문에 불안해진다."라고 했다.

　　세네카(Lucius Annaeus Seneca)는 감정을 다룰 수 있는 방법으로 평소 생각을 통해 화가 무엇인지, 나를 화나게 하는 순간은 언제인지 알고 화가 치미는 순간에 조금 더 생각하라고 하였다.

　　현대에 와서 인간의 이성을 강조한 심리학자 엘리스(Albert Ellis)는

"어떤 사건이 정서적 혼란이나 고민의 원인이 되는 것은 아니고, 그 사건을 어떻게 해석하고 받아들이느냐에 따라 감정이 좌우된다."고 하였다.

명상을 통해 마음의 평정을 얻는 방법도 오랫동안 이어져 내려오는 방법이다. 즉, 감정은 실제로 일어난 사건이 아니라 자신의 마음에 나타난 하나의 사건으로 거리를 두고 바라보게 함으로써 생각과 감정으로 인한 정서적 동요를 경험하지 않게 하여 평정심을 유지하도록 했다.

불교 심리학에서는 스트레스의 원천이 되는 뜨거운 찻잔(트라우마, 정신적 외상)을 붙잡고 평생을 보내지 말고 '내려놓아라'고 했다. 미국 정신치료의 약 45%에서 이 '내려놓는 기법'을 도입하고 있다.

나쁜 습관을 교정하기 위해서는 새로운 습관을 만들어야 한다. 매일 아침 10분 이상 명상을 하고 '행복일지'를 작성하면 일단 마음의 키를 긍정으로 돌려놓고 일과를 시작하기 때문에 만사가 형통해진다. 육체를 단련시키기 위해서 우리가 운동을 매일 하듯이 정신을 단련시키기 위해서 정신훈련을 열심히 하면 노력한 만큼 보상을 받을 수 있다.

행복일지 작성

내적인 평화와 안정을 원한다면 행복일지를 매일 아침에 작성하자. 마음이 평안해지고 즐거워진다.

행복한 사람과 불행한 사람의 차이는 감사함의 차이이다. 내가 누리는 모든 것에 항상 감사하는 마음은 인생을 풍요롭게 한다. 『지선아 사랑해』의 작가 이지선은 전신 55%의 화상으로 손과 얼굴이 일그러져 수술만 20여 차례 받았다. 가만있으면 죽고 싶은 마음만 일어났다고 한다. 그런 속에서도 항상 밝은 마음을 유지하기 위하여 감사하고 기쁜 것을 찾았다. 그리고 약해진 마음을 극복했다.

감사한 마음을 가지면 자연스럽게 자기중심에서 상대 중심으로 정신적인 에너지가 이동한다. 항상 감사한 마음을 가지게 되면 생활만족도가 높아지고, 마음이 강해지고 여유로워지며, 문제해결능력도 높아진다.

우리가 자신을 별 볼 일 없다('I am not OK')고 생각하는 것은 자존감이 낮기 때문이다. 매일 잘한 일을 3가지만 적다 보면 자아개념이 좋아지고 자신감이 높아진다.

- 나는 오늘 누구에게 또는 무엇에 대해 어떻게 감사할 것인지 세 가지를 적어 봅시다.(매일 쓰기)

- 어제 한 행동 중 잘한 일을 세 가지만 적어봅시다.(매일 쓰기)

- 부정적인 사고가 활개를 치지 않도록 평소 자기의 신념이나 좌우명을 강화한다. 자신의 신념을 10번 적어봅시다.
  예: '나는 위대한 일을 할 수 있다.'

- 오늘 하루 의미 있는 삶을 살기 위해 무엇을 할지 적어봅시다.

- 오늘 하루를 즐겁게 생활하기 위해 무엇을 할지 적어봅시다.

트라우마를 잠재운다

어떤 충격적인 사건이 정신적인 상처를 만들어 트라우마(마음의 큰 상처, 정신적 외상, 영구적인 정신장애를 남기는 충격)가 된다. 상처가 깊어 아픈 사람도 있고 상처가 가벼워 견딜 만한 사람도 있다. 트라우마는 누구나 가지고 있다. 마음의 평화와 안정을 파괴하기 때문에 트라우마는 마음속에서 지워버려야 한다.

과거에는 프로이트(Sigmund Freud)의 정신분석을 응용하여 치유했다. 예를 들어 산모가 해산할 때 순산을 했는지, 기계를 사용했는지, 출산 후 아기에게 모유를 먹였는지, 우유를 먹였는지 등등 성장배경부터 시작하여 아이에게 영향을 미칠 만한 것을 전부 따지고 분석했다. 그러나 요즈음에는 '놓아버리는' 기법이 도입되면서 의사는 환자 자신이 트라우마를 놓아버리도록 환자를 돕는 역할을 하고 있다.

그럼 트라우마를 어떻게 놓아버릴까?

그냥 놓아버리면 된다. 손으로 볼펜을 꽉 움켜쥐고 있다고 하자. 손을 펴면 볼펜은 떨어진다. 이때 볼펜이 트라우마이다.

인도에서는 원숭이를 잡을 때 코코넛에 작은 구멍을 뚫어 맛있는 과일을 넣어둔다. 원숭이는 그 과일을 움켜잡고 놓지를 않는다. 그래서 잡히고 만다. 이 과일이 트라우마이다. 하루에도 몇 번씩 과거의 트라우마가 머리에 떠오르는 사람이 있다면 마음속으로 트라우마를 꽉 움켜쥐고 있는 사람이다. 놓아버리기 바란다. 마음이 편안해진다.

『무상 속의 영원성』에 재미있는 예화가 있다. 어느 날 스님이 어린 사미승을 데리고 개천의 다리를 건너게 되었다. 그런데 전날 비가 많이 내려서 개천물이 불어 다리 위까지 차올라 건너가기가 쉽지 않았다.

그때 마침 어떤 여인도 물이 차오른 다리를 건널 수가 없어서 전전 긍긍하고 있었다. 그래서 스님은 여인을 업고 사미승의 손을 잡고 겨우 겨우 다리를 건너와 여인을 내려놓았다. 그리고 사미승과 부지런히 10리 길을 걸어가는데 사미승은 몹시 궁금해서 견딜 수가 없었다.

그래서 사미승은 "스님! 스님께서는 법문하실 때 여자를 호랑이나 독사같이 보라고 하시며, 여자는 손도 잡아서는 절대 안 된다고 하셨는데 어떻게 스님은 여자를 업어 주었습니까?" 하고 따지듯이 물었다.

그때 스님은 "네 이놈! 나는 다리를 건너와서 바로 여자를 내려놓았거늘 너는 지금까지 어찌하여 10리 길을 업고 왔느냐?" 하고 호통을 쳤다고 한다. 스님은 여자 생각을 이미 내려놓았는데 사미승이 계속 움켜잡고 있어 나무랐던 것이다.

마음속의 트라우마를 놓아버리기가 어려운 사람은, 우선 눈을 감고 심호흡을 한 다음, 마음의 스크린 속에 또 하나의 나를 투사하여 대화를 하면 효과가 있다. 스크린 속 또 하나의 내가 인정을 해달라고 하면 인정을 해주고, 너무나 아프다고 울면 위로해주어야 한다. 보듬어 주고 실컷 울도록 내버려 둬야 한다. 마음의 상처를 보듬어 주어 상처가 아물도록 도와주면 트라우마가 더 이상 마음속에 떠오르지 않게 된다.

<u>트라우마를 극복하면 성숙해진다.</u>

자기
성장
훈련

무의식적 습관 찾기

우리는 누구나 마음속의 아픈 상처인 트라우마와 싸우고 있고 트라우마를 감추거나 극복하기 위해서 무의식적인 행동을 습관적으로 하는 경우가 있다. 자신의 무의식적 습관을 인식하려면 스트레스 장면에 부딪혔을 때 습관적으로 어떻게 대응하고 있는지 알아보면 된다.

자신의 독특한 테마 즉 태도나 행동은 살아가면서 극복해야 할 심리적 장애물이다. 과감하게 버려야 할 무의식적 습관을 자각하면 그때부터 변화가 온다.

무의식적 습관 사례

약물에 지나치게 의지한다.

쇼핑중독에 빠진다.

항상 책임을 지려고 한다.

과도하게 은혜를 베풀어 타인을 기쁘게 한다.

과시하기 위하여 돈을 물 쓰듯 한다.

항상 빚에 시달린다.

늘 도움을 청하면서도 막상 누군가가 도움을 주려고 하면 거부한다.

일에 지나치게 빠진다.

인터넷에 지나치게 빠진다.

끊임없이 문자 메시지를 주고받는다.

● 스트레스를 일으키는 어떤 장면에 부딪치게 되었을 때 반복해서 취하는 태도나 행동에는 어떤 것이 있습니까? 앞의 항목을 참고하여 자신의 무의식적인 습관을 찾아봅시다.

　예: 스트레스를 일으키는 장면에 부딪치게 되면 과식을 하는 경향이 있다.

스트레스를 일으키는 장면에 부딪칠 경우 구원자를 자처하는 경향이 있다.

스트레스를 일으키는 장면에 부딪치게 되면 술에 지나치게 의지한다.

세상의 모든 것은 지금 이 순간에 존재한다

세상의 모든 것은 바로 이 순간에 존재하고 있으나 우리 일상의 삶을 돌이켜보면 마음의 초점은 언제나 과거나 미래에 머물러 있다. 워싱턴의 한 지하철 입구에서 세계적인 바이올리니스트 조슈아 벨(Joshua David Bell)이 350만 달러짜리 바이올린 스트라디바리우스를 가지고 45분간 멋진 연주를 하고 있었는데, 그 곁을 지나간 1,070명 중 겨우 7명만 그것도 1분 동안 감상을 했다고 한다. 우리 마음이 과거와 미래로 떠돌았고 그래서 아름다운 바이올린 선율을 들을 수 없었기 때문이다. 우리 마음이 과거와 미래로 떠돌면 봄철에 라일락 향기도 맡을 수 없고, 일에 집중하기도 어렵다. 실제로 심리치료를 받는 사람의 대부분은 과거와 미래의 사건에 사로 잡혀 있는 사람이다.

좀 더 확실하게 행복감을 맛보며 살아가기 위해서는 마음속에서 '고요'를 찾아내야 한다. 처음 명상공부를 할 때였다. 그때는 매일 20분씩 아침에 명상을 했다. 2주일 정도가 지나자 명상을 하고 나면 기분이 좋아졌다. 그 이유를 알 수가 없어 명상지도자에게 물어보았다. 그는 아무 소리도 하지 않고 앞으로도 계속 열심히 하라고만 했다. 나중에야 그 이유를 알게 되었다. 한 곳에 마음을 집중하기 시작하면 오만가지 생각들이 사라져 마음이 편안해지고 즐겁고 행복한 상태가 된다는 것을 깨달았다.

우리 일상의 삶이란 마음의 초점을 현재보다 과거에 두고, 경험에 대해서 평가하고 판단하면서, 현재의 마음 상태를 알아차리지 못한 채 살아간다. 더욱이 부정적인 과거를 떠올리며 현재를 사는 사람은 가장 불행하게 사는 사람이다. 지나간 과거를 후회하거나 오지 않은 미래에 대한 걱정 등으로 바로 이 순간을 헛되게 보내는 사람들이 우리 주위엔 너무 많다.

성인의 약 90%는 일상생활 중 자신의 무의식 속에 저장된 과거 경험이나 습관에 의해서 생각하고 행동한다고 한다. 여기에 착안하여 만들어진 것이 마음 챙김 명상이다. 즉, 이것은 '알아차림'에 관한 능력을 향상시키는 명상이다. 알아차림은 판단 없이 바라보는 것을 의미한다. 따라서 과거나 미래가 아니라 현재 이 순간을 중시하면서 판단하거나 평가하지 않는 수용의 자세를 향상시키는 명상이 바로 마음 챙김 명상이다.

우리가 행복해지려면 '지금 여기'라는 이 순간을 살아가는 방법을 배워야 한다. 설거지를 할 때는 설거지만 하고, 이를 닦을 때는 이만 닦는다. 지금 여기의 현실에 충실한 시간이 늘어나면 점차 길거리의 꽃이 아름답게 보이고 계절의 정취를 느낄 수 있다. 우리의 마음을 '지금 여기'로 되돌리는 연습은 명상을 통해서 할 수 있다.

'Life is now!'

10분 명상으로 뇌를 훈련하기

10분 명상은 하기가 쉽다. 정좌를 하고 앉든가, 걸상에 앉아서 해도 된다. 편안히 앉아 눈을 감고 심호흡을 3번 정도 한다. 그러면 마음이 가라앉아 편안해진다. 다음에는 코로 숨을 쉬면서 코끝에 의식을 집중하면서, 잘하려고 애쓰지도 말고 자연스럽게 숨을 쉰다. 잘했다 못 했다 판단하지 말고 편안히 호흡을 한다. 혹시 잡념이 떠오르면 떠오르는 대로 판단 없이 바라보면 된다.

공부를 잘하는 사람일수록 집중력이 좋은 사람이다. 10분 명상에 그 답이 있다.

호흡에 집중하는 것은 단순한 방법이지만 뇌를 훈련하고 의지력을 길러주는 아주 효과적인 방법이다. 중요한 것은 시간을 정해놓고 매일 하는 것이다.

명상 순서

1. 시간을 정해 규칙적으로 명상을 한다. 편안한 자세로 앉아 허리를 곧게 펴고, 턱은 밑으로, 손은 무릎 위에 올려놓고 눈을 감는다.
2. 심호흡을 한다. 숨을 들이쉴 때 '나는…', 숨을 내쉴 때는 '편안하다'를 마음속으로 읊조린다.
3. 호흡을 시작한 지 몇 분이 지나면 더 이상 '나는…편안하다'를 떠올리지 말고 호흡의 감각에 집중한다. 공기가 코로 들어왔다가 나가는 호흡의 감각을 순간순간 알아차린다.
4. 코끝에 의식을 집중하면서, 편하고 자연스럽게 숨을 쉰다.

유의 사항

1. 숨이 들어오면 들어온다고 알아차리고 숨이 나가면 나간다고 알아차린다. 숨을 조절하려고 하지 말고, 편안히 있는 그대로 바라본다.
2. 몇 분 동안 숨과 함께 있다 보면 잡념이 떠오른다. 이때 생각을 따라가지도 말고 다투지도 말고 알아차리기만 하면 된다.
3. 마음이 이리저리 달아나려고 할 때 숫자를 헤아려도 좋다. 들숨이나 날숨 중 하나를 택해 10부터 1까지 거꾸로 센다. 다음은 1부터 10까지 센다. 숫자를 잊어버렸을 때는 처음부터 다시 센다.
4. 10분 동안 명상하면서 100번 놓쳤다가 다시 숨으로 돌아오는 일을 반복해도 괜찮다. 잘 안된다고 판단만 하지 않으면 된다.

5. 숨쉬기에 집중하는 연습을 몇 번이고 반복하다 보면 자기절제를 훈련할 수 있고 전전두엽 피질이 활성화되어 뇌 안에 존재하는 스트레스와 욕망의 중추를 안정시킨다.

6. 숨이 가쁘고 몸과 마음이 불편하며 초조하다고 해서 더 바람직한 상태로 바꾸려고 하지 않는다. 가렵다고 긁지도 말고 팔의 자세를 바꾸지도 말고 그대로 놓아둔다. 명상을 할 때는 꼼지락거리지 말고 가만히 자세를 유지하는 것이 중요하다.

7. 10분 명상이 습관이 되면 20분으로 시간을 늘려보자.

8. 10일만 계속해도 명상의 효과를 느낄 수 있다.

명상훈련은 자기와의 싸움이다

아침에 약 45분간 명상을 하고 나면 기분이 좋아지고 머리가 맑아지는 것 같아 매일 한다. 옛날보다 집중이 잘되고 인내심도 늘어나는 것 같다. 또한, 미묘한 변화의 흐름에도 예민해졌다. 그래서 주변의 많은 사람들에게 명상을 권유한다. 긍정 심리학의 핵심 훈련 중 하나도 명상이다. 명상의 종류는 수백 가지가 넘는다. 어느 운동이나 마찬가지지만 명상도 자기에게 맞는 것을 골라 꾸준히 하면 된다.

내가 대학에 다닐 당시 서울대 심리학과는 한 학년 정원이 10명이었다. 선배들도 10명이었고 후배들도 10명이었다. 그중에는 스트레스를 연구하는 교수가 되기도 하고 성격을 연구하는 교수가 된 사람도 있다. 그런데 지금은 모두 명상으로 이름을 날리고 있다. 그중 대표적인 사람이 영남대의 장현갑 교수다.

스티브 잡스(Steve Jobs)는 "마음을 관찰하다 보면 마음이 고요해지고, 마음에 더 미묘한 것을 들을 수 있다."라고 생전에 명상을 예찬했다. 미국의 명상 인구는 1,500만 명 내지 2,000만 명쯤 된다고 한다. 병원을 중심으로 명상이 많이 확산되고 있으며 최근에는 일부 초등학교나 기업에서도 하고 있다. 애플, 야후, IBM, 시스코, 구글 등 대기업도 명상 교육을 한다.

FMRI(functional MRI, 기능 자기공명 장치) 촬영기기 덕분으로, 명상전후를 비교하는 뇌 연구가 가능해지면서 명상의 효과가 과학적으로 입증

되고 있기 때문에 더욱 권장, 확산되는 추세이다.

사람은 어느 직종이든 자기직업을 통해 자기완성의 길로 간다. 배우는 '배우'라는 직업을 통해서, 대장장이는 '대장장이'라는 직업을 통해서 자기완성의 길로 간다. 명상은 자기완성의 길로 가는 지름길이 되어 준다.

양궁이나 골프와 같은 스포츠뿐만 아니라 정신집중을 요하는 모든 직업은 자기와의 싸움에서 이기는 사람만이 승자가 될 수 있다. 얼마 전 마스터스대회에서 우승을 예상했던 최경주는 대회 둘째 날 탈락한 다음에 '승리에 대한 집착, 남에게 뭔가 보여줘야 한다는 부담감, 마스터스 우승의 짜릿함' 등이 탈락의 원인이 아니었나 생각한다고 한 언론과의 인터뷰에서 말했다.

올림픽 금메달리스트인 스케이터 이상화 선수도 꼭 이겨야 된다는 욕심이 클수록 부담이 되면서 실수를 한다고 회상했다.

독일에서 활동하는 성악가 윤태현도 목소리가 잘 나오게 하려면 자유로운 마음으로 잘하겠다는 욕심에 집착하지 말아야 한다고 이야기 한다.

이와 같이 집중력을 방해하는 생각, 즉 승리에 대한 집착, 남에게 뭔가 보여줘야 한다는 부담감, 꼭 이겨야 된다는 욕심 등과 같은 것도 명상훈련을 통해서 극복할 수 있다.

자기와의 싸움에 이기기 위해서 명상훈련을 매일 하면, 명상의 기본태도 7가지(장현갑 교수 / 심리학)를 학습하여 실생활에 응용할 수 있다.

첫째, 판단을 하지 마라. 모든 현상이나 대상에 대해 판단이나 분석, 선입견 없이 있는 그대로 인지한다.

둘째, 인내심을 가져라. 모든 것은 스스로 생명주기를 갖고 있다는 사실을 인식한다.

셋째, 초심을 가져라. 명상을 할 때마다 독특하고 유일한 순간임을 자각한다.

넷째, 믿음을 가져라. 자기가 자신을 이해하는 데 있어 최고의 권위자임을 믿는다.

다섯째, 지나치게 애쓰지 않는다. 잘하려고 지나치게 애를 쓰면 자연스럽지가 못하게 되어 부작용이 일어난다.

여섯째, 수용해라. 대상을 있는 그대로 바라보고 받아들인다.

일곱째, 내려놓아라. 대상에 집착하고 있으면, 있는 그대로 정확하게 보고 느낄 수 없다.

자기완성의 길로 들어가기 위해서는 정신훈련이 필요하다. 스포츠맨이 되었든, 음악인이 되었든, 기업인이 되었든 자기 직업에서 일인자가 되기 위해서는 끊임없이 명상훈련을 하는 것이 큰 도움이 된다.

걷기 명상

동적인 명상으로서, 앉아서 하는 명상 이후에 걷기 명상을 하는 경우가 많다. 틱낫한(Thich Nhat Hanh)[2] 스님이 운영하는 프롬빌리지의 중요한 프로그램 중의 하나도 걷기 명상이다.

걷는 동안 오직 발, 발바닥과 다리의 감각, 걸음 동작, 몸무게의 이동 등 신체감각에 주의를 집중하면서 수행한다.

방법은 우선 발을 들어올려 앞으로 나아가고 내려놓는 동작에 집중한 다음, 한쪽 발에서 다른 쪽 발로 몸무게가 어떻게 이동되는지 집중한다. 멈춰 서기 전에 의도를 알아차림 한다. 걷기 명상을 계속하면 온갖 잡념을 떨쳐버리고 지금 이 순간에 집중하고 행동 전의 의도를 '알아차림'하는 능력을 키우게 된다.

걷기 명상을 할 때 잡념이 계속 떠오르면 마음속으로 '발 들고, 나아가고, 뒤꿈치 닿고, 닿고' 라고 말하면서 가도 좋다.

---

2) 베트남 출신 승려, 시인, 평화 운동가. 1982년 프랑스에서 프롬빌리지를 설립했다.

20보 내외만 확보되면 집안에서도 가능하다. 걷기 명상을 하면 마음이 안정되고 편안하고 머리가 맑아지는 느낌이 든다.

면역훈련으로 강해진다

자동차 판매왕이나 보험세일즈의 대가들은 숱한 '거절'을 경험한 사람들이다. 이들은 웬만한 강도의 '거절'이 아니면 기분에 영향을 받지 않는다. 반면, 아무런 '거절'도 경험하지 못한 신입사원 중에 단 한 번 고객의 '거절'로 자기 직업을 포기하는 사람들도 있다. 야단을 맞아본 사람은 어떠한 꾸지람이나 나무람에도 마음이 흔들리지 않는다. 협박을 당해본 사람은 강도 높은 협박이 오지 않는 한 마음이 흔들리지 않는다.

어떤 역경 상황에 부닥쳤을 때, 두렵거나 무서움을 덜 타게 할 수 있는 방법은 없을까? 사람들을 정신적으로 강하게 무장시킬 방법은 없을까?

이런 연구를 한 사람이 윌리엄 맥과이어(William. J. McGuire)이다. 우리가 겨울이 오기 전에 감기를 예방하기 위하여 예방주사를 맞는 것처럼 그는 사상이나 믿음도 정신적인 예방주사를 맞으면 쉽게 설득되지 않는다고 주장했다.

이처럼 미리 경험을 약하게 함으로써 설득에 저항하는 현상을 면역 효과라고 한다. 이 면역 효과의 원리는 상대의 선전이나 선동에 대한 저항을 증가시킬 수 있으며, 판매원의 스트레스에 대한 면역도 향상시킬 수 있다. 직원들의 신념을 강화시키기 위해서는 나약한 부분을 미리 파악한 후 각자의 신념에 대해 정신적인 면역을 가하는 것이 가장 좋은 방법이 될 수 있다.

우리나라 양궁 종목이 연속해서 세계를 제패할 수 있었던 이유 중의 하나는 정신적인 면역 효과의 원리를 이용한 훈련도 있었다. 집중을 방해하는 관중의 야유 소리와 응원 함성에 대한 내성을 기르기 위해 미리 양궁경기장과 비슷한 조건인 야구장에서 면역 훈련을 했다.

판매원들이 실전에 들어가기 전에 고객에게 당하는 예상된 역경 상황을 설정하고 역경 극복을 위한 '역할연기' 훈련을 하다 보면 정신적 면역이 되어 고객으로부터 어떤 거절을 당해도 마음 상하는 일이 줄어든다. 당락이 결정되는 면접이나 프레젠테이션, 더 나아가 국정감사와 같이 많은 사람의 질문 공세가 예상되는 장면에서도 정신적인 면역 주사를 맞고 간다면 긴장이나 떨림이 훨씬 완화될 수 있다.

ABCD 기법[3]으로 외로움의 함정에서 벗어난다

사람이 살아가면서 피할 수 없는 것이 세 가지가 있다. 죽음, 세금 그리고 외로움이라고 한다. 작가 이외수 씨는 외로움은 항상 우리 곁에 있는 것이기 때문에 겁내지 말라고 하였다. 법륜스님은 사람은 원래 외로울 수밖에 없는 존재라고 하였다.

---

3) 엘리스(Albert Ellis)의 합리적 정의치료(情意治療)에서 비합리적 사고나 신념을 변화시키는 기본전략, 어떤 현상이나 사건(Activating Events)에 관해 지니고 있는 사고(思考)나 신념(Belief)이 여러 가지 형태의 부적응 행동을 유발하는 결과(Consequences)를 초래하는 것이므로 치료는 사고나 신념체제의 논박(Dispute)을 통해서 재교육하여야 된다는 것을 가리킨다. (서울대학교 교육연구소, 『교육학용어사전』, 1995, 하우동설)

외로움은 주위에 아무도 없고, 나를 이해해 주는 사람이 아무도 없으며, 누구에게도 사랑받지 못한다고 느끼는 감정이다. 외로움은 분명 행복을 좀먹는 감정 중의 하나이다.

프랑스에서는 외로움이 가장 심각한 사회적인 문제라고 한다. 우리나라도 '어려울 때 도움을 받을 친척, 친구, 이웃이 있느냐'는 질문에 대한 답변을 보면 '없다'라는 답이 거의 대부분이어서, 10점 만점에 0.5점으로 OECD 국가 중 꼴찌다. 다들 외로움에 몸서리치고 있다는 이야기다. 우리나라도 프랑스처럼 머지않아 외로움이 심각한 사회문제로 급부상하리라고 본다.

친구들에게 '외로움' 하면 생각나는 것이 무엇이냐고 물어보면 대뜸 '애인'이라고 대답한다. 이것은 관계의 문제만 본 것이고 실제는 마음의 문제도 있다. 일종의 사회현상인 외로움은 '관계의 문제'에서, 또 하나는 '마음의 문제'에서 그 원인을 찾아봐야 그 해결방안을 강구할 수 있다.

외로움은 옆에서 같이 웃고 떠들 사람이 필요하다는 신호일 수 있고, 정신훈련을 하라는 신호일 수도 있다.

외로움을 방치하면 증오를 일으켜 바깥세상을 적대적으로 보기도 하고 자기 파멸의 원인이 될 수도 있다. 외로움의 함정에 빠지면 관계 중독 현상, 인터넷 중독, 학습 및 기억력의 장애, 불면증 등을 일으키며, 암 발병률 및 심장질환 위험 등에서 높은 수치가 나타나기도 한다. 외로움을 느끼는 사람일수록 깊은 잠을 못 자고 밤에 깨는 횟수가 더 많다.

외로움이 관계의 문제가 원인이라면 우선 밖으로 나가서 사람들을 만나든가 모임에 가입을 하거나 외로운 사람들을 도와주는 역할을 히면, 관계이 문제가 해결될 수 있을 것이다. 만약 사람과의 관계가 어렵다면 애완동물이라도 기르는 것이 좋다.

외로움이 마음의 문제가 원인이라면 ABCDE 모델[4]을 적용하여 불합리한 사고를 긍정적이고 합리적인 생각으로써 반박하면 외로움의 함정에서 벗어날 수 있다.

외롭다고 느낄 때는 어떤 상황이나 사건이 아니라 어떤 상황에 대해서 순간적으로 떠오른 비합리적이고 부정적인 자동사고가 그렇게 만든 것이기 때문에 이것을 찾아내어 합리적인 사고로 재구성해야 한다.

---

4) 앨버트 엘리스는 정서의 ABC 모델을 개발했다. A는 사건, B는 신념, C는 정서적, 신체적, 행동적 결과를 나타낸다. 특히 B의 비합리적 신념은 결과인 C에 결정적인 영향을 미친다.

• A(activating event, 활성 사건): 직무 인터뷰
• B(beliefs about A, 사건에 대한 신념): 이번 직무 인터뷰는 어렵고 공포스러운 것이다. 나는 이 인터뷰를 잘해야만 한다. 나는 인터뷰에서 떨어질지도 모른다.
• C(consequence, 결과): 매우 불안하다. 대기실에서 페이스를 조절한다. 인터뷰 결과가 좋지 않다. 땀이 나고 어깨와 등이 긴장된다.

엘리스는 두 단계(D와 E)를 추가했는데, D는 도움이 되지 않는 신념에 대해 논박하고 수정하는 것이며, E는 사건을 다루는 데 새로운 효과적인 방법이 된다. (앞의 책)

자기
성장
훈련

합리적 사고 연습 2

사례

최근에 외로움을 느낀 상황을 생각해보니 여자친구가 2주째 연락이 없어서 외로움을 느낀 것 같았다. 나를 외롭게 만든 것은 여자친구가 2주째 연락이 없는 '상황'은 아니다. 그 상황에 대한 나의 '생각' 즉 불합리한 부정적인 사고가 나를 외롭게 만든 것이다. 상황은 직접 감정을 일으키지 않는다.

외로움을 일으키는 상황에 대한 불합리한 자동사고를 추측해보니 '여자 친구가 나를 싫어하고 있는 것 같아' 인 것 같았다.

그래서 이 불합리한 사고를 합리적으로 반박해 보기로 했다.

그럴 만한 증거가 있는가 생각해 보니 그럴 만한 증거는 없다. 그녀는 나를 좋아한다. 어쩌면 여자친구는 엄청나게 바쁜지도 모른다. 미국에서 친구가 왔다는 이야기를 들은 기억이 난다. 이렇게 생각을 재구성하니 기분이 다시 좋아졌다.

사례 정리

1. **상황 또는 역경 사건** : 여자친구가 2주째 연락이 없다.
2. **불합리한 자동사고** : 여자친구가 나를 싫어하고 있는 것 같다.
3. **감정** : 외롭다.
4. **합리적 사고** : 여자친구가 나를 싫어할 만한 증거는 없는 것 같다. 그
   녀는 나를 좋아한다. 어쩌면 여자친구는 엄청나게 바쁜지도 모른다.
   미국에서 친구가 왔다는 이야기를 들은 기억이 난다.

● 최근에 어떤 상황 속에서 외롭다고 느꼈는지 적고 그 당시 휙 지나간
  자동사고를 추측해서 기록하고 이 자동사고를 반박하여 합리적인
  사고를 만들어주시기 바랍니다.

1. 좋지 않은 감정을 일으키게 한 사건이나 상황은 무엇이었습니까?

_____

_____

_____

2. 어떤 생각이 휙 스쳐지나갔는지 추측해 봅시다.

_____

_____

3. 이 상황에서 발생한 부정적인 감정(외로움, 슬픔, 짜증, 우울, 불안, 분노 등)은 무엇이었습니까?

_____

_____

_____

4. 이 상황을 반박하여 생각의 오류를 발견하고 긍정적이고 합리적인 사고를 이끌어 주시기 바랍니다.

_____

_____

_____

_____

_____

_____

_____

_____

자주 사용하는 사고의 패턴이 있다

부정적인 생각을 긍정적으로 재구성하면 우리의 마음도 전환이 될 수 있으나 우리가 잘 인식하지 못하는 생각의 습관이 있다. 이것은 마치 산길과 비슷하다. 산에 처음부터 길이 나 있었던 것은 아니다. 사람들이 한 방향으로 같은 길을 계속 걷다 보니 산길이 되었다. 우리 생각의 습관도 한 방향으로 계속 생각하다 보니 그것이 마음에 자리를 잡아 하나의 사고 패턴을 이룬 결과이다.

비합리적, 부정적 사고의 패턴은 이렇게 현실 인식 없이 과거의 경험에 따라 자기 나름대로 해석하는 사고의 습관이다. 일반적으로 우리의 사고 습관에는 과잉 일반화, 정신적 여과 등 9가지 패턴이 있으며, 이것이 부적응 행동과 불합리한 감정의 원인이 된다.

이를 잘 기억해두면 앞으로 어떤 역경 상황이 오더라도 긍정적이고 합리적인 생각을 하면서 살아가는 데 매우 유용하게 사용할 수 있다. 사람과의 관계에서, 부부간 또는 자식의 마음을 이해하려고 할 때도 필요하고, 부하 직원의 마음을 이해하려고 할 때나 고충상담을 할 때도 필요하다.

1) 과잉 일반화

한두 가지의 사건을 보고 나서, 어떠한 증거도 없이 그것을 확대 해석하여 삶을 제한하고 위축시키는 것이 과잉 일반화이다.

예시

- '이 일을 못하는 것을 보니 다른 일도 잘 못할 거야!'

'경리과장이 여직원에게 같이 식사하자고 제안했으나 거절당한 뒤에 다른 여직원도 마찬가지로 거절할 것이라고 결론짓는다.'

'명치끝이 아프다고 하면서 금방 암은 아닌가 하고 생각한다.'

'나는 항상 바보짓을 하고 있어.' 또는 '모든 사람은 내가 게으르다고 생각해.'와 같이 '항상', '모든', '결코'와 같은 절대적인 단어를 사용하면 과잉 일반화에 해당된다.

2) 낙인찍기(Global Labeling)

낙인찍기는 '빼빼 마른 사람은 신경질적이다', '나는 바보다', '그는 내향적이다'와 같이 어떤 사람이나 생각, 행동, 경험의 모든 것에 상투적인 이름을 단정적으로 붙이는 경향을 말하며, 이때 '바보', '형편없는', '등신'과 같은 자기나 상대를 비하시키는 단어를 사용하는 것이 특징이다.

'나는 신경질적이다'는 자기감정에 낙인찍기를 한 것이고, '나는 바보다'는 자기 머리에 대해 낙인찍기를 한 것이고, '나는 내향적이다'는 자기 성격에 낙인찍기를 한 것이다. 만약에 자기 자신의 외모, 지능, 대인관계, 업무능력에 대하여 부정적인 언어를 쓴다면, 낙인찍기를 하고 있다고 봐야 한다. 어떤 사람이 '나는 지지리도 못났어!'라고 한다면, 스스로 낙인찍기를 하는 것이다. 그런 표현을 반복적으로 사용한다면, 그것은 비합리적이고 부정적인 사고의 습관이다.

이렇게 단정적으로 이름을 붙이다 보면 삶의 다양성이 없어지고 고정관념을 가지며 자신을 부정하게 된다. 사람들은 이것저것 사실 여부를 생각하지 않고, 빨리 그리고 간단히 표현하고자 낙인찍기를 한다.

낙인찍기는 두 가지 범주가 있다. 하나는 다른 사람이 붙여준 것으로 어렸을 때부터 붙여진 채 그대로 사용하는 것이다. '역시 최 씨라 매우 고집이 세군!' 이렇게 꼬리표를 달아 고정관념을 강화하는 경우가 그 예이다.

또 하나는 귀찮거나 어떤 의무감에서 도망가기 위해서, 자기 스스로 꼬리표를 붙인 채 사는 경우도 있다. 노력을 회피하려고, '나는 잘 못해.'라고 이야기하거나, '나는 요리가 서툴러서'라고 이야기한다면, 달라지기 위한 노력을 할 필요가 없다. '나는 이미 늙었어!'라는 말은 새로운 시도를 하기 위한 위험을 감수하고 싶지 않다는 표현이기도 하다. '나는 정리를 하지 않는 편이야!'라고 하는 말은, 자기 원칙을 이야기하고 있는 것으로, 계속 그렇게 하고 싶다는 뜻이기도 하다.

그러나 낙인찍기는 자기 성장과 자기 변화를 방해한다. 낙인찍기를 중지해야 성장할 수 있고 자기를 변화시킬 수 있다.

낙인찍기를 중지하기 위해서는 '나는 너무 뚱뚱해'라고 하지 말고, '나는 표준 몸무게보다 5kg 더 나간다'라고 해야 합리적인 표현이다. '나는 바보처럼 굴었어!'라고 하지 말고 사실, 증거에 해당하는 '당황해서 말을 더듬었어!'라고 표현해야 한다.

3) 여과하기(Filtering)

한 가지 잘못된 일에만 집착함으로써 나머지 모든 것을 부정적으로 보는 것을 말한다. 여러 가지 경험을 했지만 그중에서 특히 나쁜 점에만 집중하고 있다면 '여과하기'를 하고 있다고 보아야 한다.

예시

- '세 시간 동안의 계속된 즐거운 저녁 식사 중에서 맥주 컵을 엎질러 기분이 상했던 순간만을 떠올린다.'

여과하기는 인생 경험에서 특별히 나쁜 점만을 부각시키기 때문에 자기 존중심을 위협한다. 또한, '정신적 여과'가 지나치면 자신의 역량이나 노력을 깎아내려 부정적인 자아를 형성하게 된다.

4) 이분법적 사고

이분법적 사고란 사물을 '흑과 백'으로, '좋은가 나쁜가', '적군인가 아군인가' 하는 것처럼 중간을 허용하지 않고 배타적인 2개의 극으로 분류해서 생각하는 방식을 말한다. 각종 상황을 이쪽 아니면 저쪽으로 양분하여 판단한다면 이분법적 사고를 하고 있다고 보아야 한다.

예시

- 단 한 번 실수를 해도 자신을 나쁜 사람으로 단정한다.
- 완벽하게 성공하지 못하면, 그것은 무조건 실패로 본다.
- 강남 아니면 강북으로 편을 가른다.
- 사소한 실수에도 자기 자신을 완전한 실패자로 보고 스스로를 무가치하다고 여긴다.

이분법적 사고를 방지하기 위해서는 '교육이 아주 지루했어.'라고 말하는 대신 '교육의 60%는 좋았고 30%는 지루했으며 10%는 그저 그랬다.'와 같이 백분율을 사용하는 것이 좋다.

5) 자책(Self-Blame)

끊임없이 사과하거나 모든 것을 자신의 잘못으로 여긴다면 '자책'하고 있다고 보아야 한다. 자책의 습관은 실제로 잘했는지 못 했는지 따져 보지 않고, 통제하기 힘든 것까지도 무조건 모두 제 잘못이라고 자신을 꾸짖는다.

예시

- 병적으로 모든 일에 대한 책임을 떠맡고 있어, 심지어 상대방이 물컵을 엎질러도 사과하려 든다.

자책은 자신의 장점과 실력을 제대로 볼 수 없게끔 만들기 때문에, 자책하기의 습관에 젖어 있는 사람은 상황을 있는 그대로 말하고 비판적인 진술은 하지 않는 것이 좋다.

6) 개인화하기(Personalization)

세상에서 일어나는 모든 사건이 자기와 관련된 것처럼 생각하는 사고방식을 말한다.

예시

- 한 친구가 따분하다고 말한다면, 그 말을 당신과 같이 있는 것이 따분
  하다는 것으로 받아들인다.
- 사람들이 수군거리면 나를 욕하는 것 같다.

　개인화하기의 습관에 젖어 있는 사람은 어떤 일에 부딪쳤을 때 부적절한 반응을 보인다는 단점이 있다.

7) 지레 짐작하기(Reading Mind)

　다른 사람의 생각이나 감정이 이럴 것이라 생각하는 것이 '지레짐작하기'이다. 지레 짐작하기는 모든 사람이 당신과 똑같다고 생각하는 왜곡된 사고방식이다.

예시

- 자기 집사람이 집에서 인상을 쓰면서 바삐 서두르는 것을 보고 집사람
  이 자기에게 화를 내고 있는 것으로 생각했다. 그는 긴장되었고, 눈치가
  보였다. 그러나 알고 보니 생리통이었다.
- 그는 내가 실수한 것을 하나하나 다 헤아리고 있어, 그는 나를 해고시키
  고 싶은 거야.

　이런 유형은 새로운 시도를 하기도 전에 지나치게 다른 사람의 눈치를 보기 때문에 행동이 위축되고 자신감이 없는 행동을 할 수 있다.

8) 당위적 사고

'정직해야 한다, 공평해야 한다.'와 같이 '해야 한다'는 당위적 사고는 도덕적 사고와 관련이 있으며, 자신도 모르는 사이에 확고한 기준을 만들어 놓고 그 기준에 어긋나면 부정적 감정이 일어나기도 한다.

'해야 한다' 식 사고를 자기에게 적용을 하면 분노를 불러일으키게 되고, '해야 한다' 식 사고를 다른 사람에게 적용하면 대개 좌절감을 가져오게 된다.

9) 감정적 판단(Emotional Reasoning)

현실을 해석하고 행동을 옮기는 데 있어서 이성이 아닌 감정에 의존하는 사고방식을 말한다. 자신의 느낌이 사실의 증거라고 주장하는 것, 심지어는 한 걸음 더 나아가 그렇게 느끼는 것을 보니까 사실임이 틀림없다고 생각한다.

사고의 패턴

앞에 제시된 9가지 비합리적 사고의 패턴 중 자신이 어떤 패턴을 많이 사용하고 있는지 기록하고 그 사례도 적어주시기 바랍니다.

_____

_____

_____

_____

_____

_____

_____

사고력 훈련으로 두뇌를 개발한다

사고력은 창의력을 포괄하는 전반적인 사고활동을 말한다. 사고력 훈련에는 호기심, 탐구력, 인내력 등이 포함되어 있다. 전 세계를 주름잡는 사람으로 키우기 위해서는 어린 시절부터 사고력 훈련이 절대적으로 필요하다. 일기를 쓰는 것도 하나의 방법이지만, 일기를 쓰게 하면 자신에 관한 이야기보다는 동생에 관한 것 또는 친구에 관한 것을 쓰는 경우가 대부분이다.

이러한 단점을 보완하기 위하여 부모가 주제를 주고 그 주제에 관해 서론, 본론, 결론, 나의 견해 식으로 이야기를 전개하는 일기를 쓰게 하면 사고력이 더욱 향상된다. 주제는 사회, 정치, 경제, 환경 등 오늘날 문제가 되는 것으로 정하면 된다.

삼성 이건희 회장의 사고력 훈련 방법과 300만 부가 팔린 『로마인 이야기』의 저자 시오노 나나미가 하는 사고력 훈련 방법은 서로 유사점이 많다. 상상력을 확장시키기 위해서 많은 노력을 기울인 점도 유사하고 자신만의 독특한 훈련 방법을 가진 것도 유사하다. 이 회장은 한 영화를 10번씩 보는 것으로 유명하다. 영화를 볼 때마다 영화 속의 등장인물이 되어, 그들과 말하고 행동하면서 그들의 생각과 기분도 느껴보고, 작가의 입장이 되어 영화를 재구성해 보기도 한다. 필요할 때는 여자 주인공이 되어 보기도 한다. 세상을 다면적으로 입체적으로 보면서 상상력이 함께 하기 때문에 훌륭한 상상력 훈련이 된다.

시오노 나나미는 로마의 어떤 특정 시대를 쓰기 위해서 동시대를 배경으로 한 책을 모두 다 읽는데, 독일어, 프랑스어, 이탈리아어, 영어를 가리지 않는다. 그런 다음 글과 글이 서로 링크되고 합쳐지면서 살아서 움직이기 시작하고 이야기 소리가 들려오기 시작하면 그때서야 글을 쓰기 시작한다.

상상 훈련으로 우리의 삶을 개선한다

강의하기 전날은 잠들기 전에 반드시 마음속으로 지금까지 준비한 강의 내용뿐만 아니라 교육대상, 교육생의 반응도 마음속으로 그려본다. 준비물을 챙기고 교실로 들어가는 순간부터 강의가 끝나는 순간까지 마음속으로 그려본다. 걸음걸이를 어떻게 할까? 소개는 누가 할까? 어떻게 소개를 할까? 직접 자기소개를 해야 할까를 생각하면서 대응방법을 생각한다.

교육대상을 생각하면서 처음 1분간을 어떻게 집중시킬까? 이어서 본격적인 강의를 하면서 강조할 점, 예상 질문 등을 마음속으로 그려본다. 표정, 제스처, 목소리의 강약 정도도 미리 점검한다. 휴식시간은 어떻게 할까를 미리 생각하고 교육생 중 강사에게 이상한 질문을 하는 사람에 대한 대응방법 또한, 마음속으로 그려본다. 평소의 강의 습관을 점검하면서 마지막으로 마무리를 어떻게 멋지게 장식할까도 마음속으로 떠올려 본다.

강의가 시간 내에 정확하게 끝나면서 마무리 인사를 했을 때 교육생들의 엄청난 환호 소리도 마음속으로 듣는다. 이렇게 잠자기 전에 마음속으로 강의를 하고 가면 하지 않을 때보다 훨씬 더 강의가 잘되고 교육생의 평가도 좋다.

뉴욕에서 영웅으로 추앙받는 체슬리 설렌버거(Chesley Sullenburger) 기장의 일화는 상상 훈련의 중요성을 잘 보여주고 있다. 그는 탑승객 155명 전원의 목숨을 구한 사람이다. 그가 조종하던 비행기가 갑작스러운 새떼들 때문에 엔진고장으로 추락하는 사고가 발생했다.

이때 기장의 평소 상상 훈련 덕분에 위기를 모면했다. 그는 비행기를 조종할 때마다 위기 상황이 발생하면 어떤 절차와 조치를 취해야 할까를 마음속으로 반복해서 상상했다. 그는 평소에 이런 상상 훈련을 통해 비행기 추락의 위기를 잘 넘기고 탑승객 전원의 안전을 도모할 수 있었다.

항상 시험 장소만 가면 시험지를 받는 순간 머리가 하얗게 돼서 시험을 망쳤던 어떤 수험생이 마음속으로 상상 훈련을 한 뒤로는 시험을 잘 보게 되었다고 한다.

이런 마음속 상상 훈련은 사람들 앞에서 중요한 사안을 발표할 때나, 운동선수에게도 적용할 수 있는 좋은 방법이다. 실제로 피겨선수, 야구선수, 양궁선수, 스케이트선수뿐만 아니라 많은 수영선수가 이 방법을 사용하여 큰 성과를 거두고 있다.

하는 방법은 의외로 간단하나 그 효과는 대단히 크다. 원리는 '상상을 하라! 그러면 이루어질 것이다.'라고 주장한, 프랑스의 자기암시법

창시자이자 권위자인 에밀 쿠에(Emile Coue, 1857~1926)의 고전적인 연구에 근거를 두고 있다. 이후 상상 훈련은 스포츠 분야 뿐만 아니라 일반인들의 목표성취에도 활용되고 긍정의 힘에도 이용되었다.

상상 훈련을 할 때는 우선 원하는 것에 대하여 오감을 총동원하여 지금 눈앞에 펼쳐져 있는 현실을 보는 것처럼 가능한 한 자세히 마음속에 그림을 그리면서 상상을 한다. 자동차 운전이나 테니스를 처음 배울 때처럼 자신이 해야 할 행동을 구체적으로 자세히 머릿속으로 그려본다. 소리를 듣고 냄새도 느끼면 더욱 효과가 좋다. 자기가 원하는 것이 성취되었을 때의 즐거움도 함께 만끽하면서 마무리 짓는다. 이를 매일 5분 이상 한다.

우리는 시도 때도 없이 마음속으로 그림을 그린다. 그것이 부정적인 사람도 있고 긍정적인 사람도 있다. 행복한 사람은 마음속에 떠오르는 그림이 밝고 맑다.

상상 훈련은 우리를 변화시킬 수 있는 강력한 마음의 도구이다. 어린이날 선물로 아이들에게 상상 훈련을 시켜보자. 그것은 아이들에게 험난한 인생을 헤쳐나가는 확실한 무기가 될 것이다.

피그말리온 효과를 활용한다

해외여행 중에 친구 한 명이 머리가 콕콕 쑤셔 미치겠다고 했다. 최근에 MRI를 촬영해 보았으나 머리는 별 이상이 없었다고 한다. 일행 중의 한 명이 우황청심환을 주었으나 먹기 싫다고 하고, 그렇다고 병원에 갈 수 있는 상황도 아니었다. 가지고 있는 약은 소화제밖에 없었다.

하는 수 없어서 내가 머리 아플 때 먹고 있는 약이라고 하면서 소화제를 주었다. 소화제를 먹은 뒤 이 친구는 무사히 여행을 마쳤다. 어느 정도 '위약(僞藥) 효과' 덕분인 것 같았다. 환자가 가짜 약을 복용했을 때 '이제 좋아지겠지' 하는 생각 덕분에 상태가 좋아지는 것을 '플라세보 효과(위약 효과)'라고 한다.

긍정적인 기대효과로는 피그말리온 효과, 로젠탈 효과 등도 있다. 에밀 쿠에가 '긍정적인 사고가 병의 치료에 영향을 줄 수 있다.'고 주장한 이후 계속해서 플라세보 효과에 대한 검증이 발표되었다.

플라세보는 라틴어로 '좋아질 거야'란 뜻이며 플라세보 효과는 '상상에 의한 건강증진'이라는 새로운 개념으로 발전하고 있다.

통증 환자, 기침 환자, 두통 환자, 멀미 환자들을 대상으로 플라세보 효과를 검증한 결과, 25%에서 효과가 나타났고, 의사가 믿음을 준 경우에는 환자의 70~90%가 통증 감소 효과를 보였다는 보고도 있었다. 최근에 벤슨(Herbert Benson) 박사는 기관지천식, 십이지장궤양과 같은 환자의 50~90%에서 플라세보 효과를 관찰하여 보고하기도 하였다.

피그말리온 효과는 그리스신화에 나오는 조각가 피그말리온의 이름에서 유래한 심리학 용어로 피그말리온이 아름다운 여인상을 조각하고, 그 여인상을 진심으로 사랑하게 되자, 여신 아프로디테가 그 사랑에 감동하여 조각상을 인간으로 환생시켜 주었다는 신화에 그 기원을 두고 있다.

피그말리온 효과는 이처럼 타인의 긍정적인 기대나 관심으로 인하여 능률이 오르거나 결과가 좋아지는 현상을 말한다.

사람은 다른 사람의 기대에 따라 움직이는 특성이 있다. 사람들의 말 속에는 기대가 들어가 있고, 그 기대는 사람들의 태도에 영향을 미친다. 믿어주는 사람 앞에서는 허튼 행동을 할 수 없고, 상대의 기대수준에 맞춰 행동을 바꾸려고 노력한다.

실험에 의하면 여성은 파트너가 자기에게 기대하는 특성대로 행동을 취하는 경향이 있다고 한다. 남성이 아름답다고 생각해 주는 것만으로도 여성은 허리를 곧게 펴고 미소를 지으며 표정관리를 하는 것으로 나타났다.

'기대에는 사람들을 용감하게 만들어주는 효과가 있다'는 것이 행동과학에서 밝혀지기도 했다. 직원은 상사의 기대수준에 따라 기대가 크면 큰 만큼, 작으면 작은 만큼 그 기대에 상응하는 결과를 만들어 낸다.

피그말리온 효과는 기업의 리더나 학교 선생님들이 많이 응용하는데 효과를 많이 본다. 주변의 아이들에게 엄지를 세워 기대와 믿음의 표현으로 웃어주면서 '최고!'라고 해보자. 아이들은 틀림없이 기대에 부응하려고 노력할 것이다.

제2장

행복의 확장

미소

입가에 감도는 미소는 마음을 즐겁게 하고 기분을 밝게 하여 정신의 평
화를 보전하고 얼굴을 아름답게 만들며 좋은 생각을 낳게 하고 선한 일
을 하게 한다.

-작가 미상

1 │ 행복한 사람은 다르다

긍정 없이는 행복도 없다

긍정은 우리가 평생 품고 살아야 할 과제이다. 우리는 10대부터 긍정적인 사람이 되라는 말을 들어왔고 20대나 30대도 마찬가지다. 60대나 되어야 긍정으로부터 자유롭다. 60대가 되면 긍정적인 사람이 되라고 누구 하나 잔소리를 하지 않는다.

긍정은 20년에 한 번꼴로 사회적인 유행을 타고 우리에게 가까이 다가온다. 그 중심에 긍정에 관한 책도 한몫을 하고 있다. 서점에 가보면 긍정에 관련된 책이 범람할 때가 있다. 그때 나온 『시크릿』이라는 책이 있었다. 엄청나게 많이 팔렸다. 그만큼 사람들은 항상 긍정을 갈구하고 있었다는 이야기다. 『시크릿』에서 전하는 주제의 핵심은, 부정적인 생각과 감정에 집중하면 우리 생활은 더 부정적인 상황과 결과를 끌어들이고 반대로 긍정적인 생각과 감정만을 가지려고 노력하면 긍정적인 결과를 얻을 수 있기 때문에, 우리는 생각과 감정을 항상 긍정적인 방향으로 고정시켜야 된다는 것이다.

우리의 뇌는 긍정 훈련 없이 내버려두면 부정적이 되어 자기도 모르게 우울해진다. 우리의 뇌는 먼저 불쾌한 경험을 받아들이고 긍정적인 경험은 밀어내는 경향이 있어 내버려 두면 우울하고 답답해지기 쉽다. 결과적으로 우리는 부정적인 것에 더 집착을 하게 된다. 언어의 발달만 봐도 이것이 증명된다. 서울대에서는 감정과 관련된 단어 430개를 추렸는데 그중 긍정적인 정서(행복하다, 기쁘다, 반갑다 등)와 관련된 단어가 28%이고 부정적 정서(슬프다, 억울하다, 비참하다 등)와 관련된 단어는 72%였다고 한다. 언어가 사회상을 반영하는 만큼 우리 생활에는 부정적인 정서가 더 발달되었다는 이야기다.

그런데 우리의 사회현실은 부정적인 정서를 조장하는 경향이 있다. 매일 접하는 신문에는 사회고발이라는 명분 아래 온갖 부정적인 기사가 기승을 부리고, TV의 뉴스는 내보내지 말아야 할 정신병 환자 수준인 사건도 내보낸다. 또 드라마는 어떤가? 드라마는 아름다운 내용보다는 흥미 위주의 매우 부정적인 내용으로 시청자를 끌어들인다. 이처럼 부정적인 환경으로 인해 우리의 정서는 계속 오염된다.

심리학 실험 중에는 이와 같은 현상을 경고하는 컬럼비아 대학 심리학과의 실험이 있다. 대학생들을 둘로 나눠서 몇 년 동안 한 팀에는 사회의 어두운 면만 들려주었고, 또 한 팀에는 사회의 밝은 면만 들려주었다. 밝고 좋은 얘기만 들은 학생들은 나중에 사람은 본래 착하다는 결론을 내렸다. 그리고 자기들도 착한 일을 하겠다고 다짐했다. 그러나 어둡고 나쁜 얘기만 들은 학생들은 정반대의 결론을 내렸다.

이 실험에서 보듯 좀 더 밝고 올바른 사회를 만들기 위해서는 우리를 둘러싼 환경을 긍정적인 환경으로 만들어야 한다.

우리가 일반적으로 타인의 나쁜 점을 알게 되면 좋은 점보다 나쁜 점에 더 집착을 하고 상대의 좋은 점보다는 나쁜 점에 더 주안점을 두어 사람을 평가하는 것도 부정적인 사회 환경 때문이다.

우리의 마음은 긍정 훈련 없이 내버려두면 부정적이 된다. 많은 사람들이 자신은 긍정적이라고 생각하고 있으나, 타인과 비교를 하거나 서슴없이 남의 흉을 보거나 자기중심적으로 생각한다면 긍정적인 사람이라고 볼 수는 없다. 긍정적인 사람은 상대에 대해 험담을 하지 않는 것은 물론이고 상대 중심적으로 생각을 하며 자기비교를 하는 사람이다.

<u>긍정 없이는 행복도 없다.</u>

험담은 무조건 피한다

강의 중에 숙제를 내줬다. 지금부터 24시간 동안 타인에 대한 험담을 중지하라고 요구했다. 교육생 전원에게 약속을 받아냈다. 그런데 한 교육생이 "어떻게 남을 험담하지 않고 이야기하지?" 라고 하면서 매우 난처하다는 듯 고개를 숙였다. 그 교육생은 나중에 48시간을 하지 않았다고 자랑스럽게 이야기했다. 너무 힘들어 입술이 부르틀 뻔했다고 한다.

칭찬은 백 사람이 하고 험담은 천 사람이 한다는 우리나라 속담이 있다. 5명 중 3명은 하루 30분 이상 타인을 험담하는 데 시간을 허비한다. 일반인은 물론이고 종교인도, 심지어는 일부 종교 지도자까지 험담을 한다. 그러나 험담을 하는 한 그 누구도 긍정적인 사람이라고 할 수 없다.

우리가 험담을 하는 이유 중 하나는 상대의 결점을 찾아 험담하고 무시하는 순간, 자신이 상대적으로 우위에 설 수 있고, 그로 인해 자긍심을 느낄 수도 있기 때문이다. 그래서 많은 사람이 험담에 빠져든다. 그러나 시간이 지나면서 자신의 마음이 부정적이 된다.

험담을 할 때는 무조건 어금니를 꽉 깨물고 중지함이 옳다.

등산을 함께 하는 친구 중에 철학과를 나온 송병섭이라는 친구가 있다. 지금은 남해 욕지도에서 주민을 위해 일을 한다. 그 친구는 험담을 안 한다. 동료들이 험담을 할 때는 물론이고, 흔하게 하는 정치가에 대한 험담 중에도 이 친구는 입을 다물고 있다. 험담을 안 하는 이유를 물어보니까 예전에 험담으로 심하게 상처받은 사람이 있었다고 한다. 그 뒤 험담하지 않는 것을 인생의 철칙으로 삼았다고 한다.

험담의 굴레에서 벗어나는 방법이 몇 가지 있다.

첫째, 앞으로 24시간 동안 타인에 대한 험담을 하지 않기로 자기 자신과 약속한다. 타인에 대해 어떠한 비방이나 비판, 상처가 되는 말은 절대 입에 올리지 않는다. 마음이 편안해진다.

둘째, 남자들은 특히 술집에서 조심해야 한다. 술 한 잔을 한 후 남을 험담하는 경향이 많다. 이때는 '팬티분석' 게임이 효과가 있다. 상대방의 팬티 색깔을 맞추는 게임이다. 한명이 '너, 하얀색 팬티를 입었지?' 'NO', 다른 사람이 '그러면 검정색?' NO! NO!하다가 자연스럽게 '노팬티!'가 나오고 웃음이 폭발하게 된다. 하다보면 웃음이 나오게 마련이다. 험담은 사그라지고 웃음꽃이 핀다.

셋째, 마음속에서 가치판단이 일어날 때 조심해야 하고, 주어진 상황에서 자신을 다른 사람과 얼마나 비교하는지 살펴봐야 한다. 가치판단이 일어나거나 자신을 다른 사람과 비교할 때 상대를 험담하거나 비난하기 쉽다. 우리가 다른 사람에 대하여 이야기할 때 '반드시…해야 한다.' '모두(All) 또는 결코'에 집착하거나, 대화 중에 '나 같으면 저런 식으로 결코…하지 않을 텐데'라고 이야기한다면 타인과 비교하여 상대를 무시하거나 험담하게 된다.

넷째, 모든 것은 자기 책임이라고 생각하는 방법도 있다. 상대에 대한 생각, 행동 등 문제가 되는 것은 모두 자기의 책임이라고 생각하는 순간 상대에 대한 비난이나 험담은 힘을 잃는다. 상대를 비난하거나 험담하고 싶을 때 자기 책임이라고 생각하면서 바로 상대에 대하여 자애명상을 하면 편안하고 넉넉한 마음을 느낄 수 있다.

다섯째, 상대를 대할 때 '당신이 최고다.'라고 생각을 하면 상대를 무시하지 않게 된다.

옛날부터 내려오는 유명한 이야기 중에 '황희 정승의 검은 소, 누런 소' 이야기가 있다. 하루는 황희가 논길을 걷는데 농부가 두 마리 소를 이끌고 밭을 가는 것을 보았다. 그는 농부에게 저기 두 마리 소 중에 어떤 소가 일을 더 잘하느냐고 물어보았다. 이때 농부는 그의 소매를 이끌고 한쪽 구석으로 가서 귀에다가 대고 누런 소는 일을 잘하는데 검은 소는 꾀만 부리고 일을 잘하지 않는다고 이야기했다. 그는 농부에게 그런 말을 하려고 여기까지 끌고 왔느냐고 하니까 농부가 하는 말이, 아무리 하찮은 동물이라도 자기를 좋아하고 싫어하는 것을 알기 때문에 자기 집을 위해 애를 쓰는 소에게 나쁜 이야기를 해서 소의 마음을 아프게 하고 싶지 않다고 말했다. 황희는 농부의 사려 깊은 행동에 크게 깨달은 바가 있어 그 후로는 언동에 조심하여 만인의 재상까지 되었다고 한다.

남을 험담하지 않는 것은 긍정의 핵이다. 남을 험담하지 않고는 말을 못하는 사람은 "상대의 신발을 신고 1마일을 걸어보기 전까지는 그 사람을 비판하지 마라."고 하는 인디언의 속담을 유념해볼 필요가 있다. 험담은 인격의 바로미터이다. 입을 꽉 다물고 상대를 험담하지 않으면 주변 사람들도 더 이상 험담을 늘어놓지 않는다.

'당신이 최고다! 당신이 최고!'

자기진단 체크 1

● 남을 험담하는 정도를 0부터 10으로 나타낸다고 했을 때 자신은 어
디쯤 해당되는지 체크해 봅시다.

험담 ——————————————————————— 험담중지
   0   5   10

● 험담중지를 위해서 무엇을 할 것인가 결심을 적어주시기 바랍니다.

_____

_____

_____

_____

_____

_____

부부간의 싸움도 자기중심적인 태도에서 나오고, 유산문제를 둘러싸고 싸우는 형제 간의 갈등도 결국 자기중심적인 태도에서 나오는 것이며, CEO가 어려움을 겪는 원인 중의 하나도 자기중심적인 태도에 있다. 마음속에 나를 중심으로 사고하는 습관이 꽉 차 있으면 사람들을 이해하기도 어렵고 쉽게 받아들이지도 못한다. 자기중심적인 태도에서 상대 중심적인 태도로 성장해야 성숙한 사람이라고 할 수 있다.

사람은 거의 누구나 다 사진을 보면 자기 얼굴을 먼저 보고 다음에 주변을 훑어본다. 이것은 자기중심적인 태도를 말해주는 것으로서 사람들은 정도의 차이는 있으나 누구나 자기중심적인 성향을 갖는다는 의미이다. 그러나 자기중심적인 성향은 미성숙한 태도이기 때문에 그런 태도에서 탈피하여 상대 중심적인 태도로 나아가야 한다.

어떤 외국인은 한국 사람들이 버스를 탈 때 버스의 통로에 앉아 있는 것이 참 이상하다고 한다. 뒤에 오는 사람을 생각해서 당연히 창가에 앉아야 할 텐데 통로에 앉아 있다고 너무 자기중심적이라고 흉을 본다.

아침 5시에 일어나 관악산에 올라가면 공기가 신선하고 새소리, 계곡의 물소리가 들려 상쾌하다. 그런데 가끔은 생각 없는 등산객이 주위는 아랑곳하지 않고 라디오를 크게 틀어놓은 채 올라오는 것을 볼 수 있다. 이것 역시 자기중심적인 태도이다.

회사 내에서 흔히 볼 수 있는 자기중심적인 태도로는 모두가 바쁘게 일을 하는데 자기 일이 아니라고 모르는 척 신문이나 보고 잡지를 뒤적이는 사람, 1대 1의 관계에서 자기주장만 하는 사람, 쉽고 편한 일만 골라 하는 사람, 자기 사정만 주장하는 사람, 변명만 하는 사람 등을 생각할 수 있다.

사람에게 리더십을 발휘하기 위해서는 자기중심이 아니라 상대중심으로 생각해야 한다. 상대방이 원하는 것을 제대로 헤아리고, 이것에 적응해 나가지 못한다면 성과는 오르지 않는다.

리더가 자기중심적이면 상대방의 입장에서 생각하지 못하기 때문에 직원들은 나쁜 습관이나 규칙 같은 것을 만들어 리더의 방식에 반발을 하게 된다. 리더의 공통적인 문제로서 '내가 하면 반드시 성공한다.'고 생각하는 것은 자기중심적인 태도로, 자칫 큰 오류에 빠질 수 있다. 결과적으로 직원들은 자신감을 잃고 윗사람 눈치만 보게 된다.

자기진단 체크 2

　자기중심적인 태도는 하루아침에 이루어진 것이 아니므로 어렸을 때부터 교육시켜야 한다. 부모의 어려움을 돕는 어떠한 것도 도움이 된다. 예를 들어 설거지나 청소를 돕게 하는 것도 그중 하나이다. 부모와 함께 정기적인 봉사활동에 참여하는 것도 효과적이다.

　배우자를 고를 때도 상대 중심적인 행동을 하는지 살펴보는 것은 중요하다. 자기중심적인 배우자를 만나면 고생한다. 상대 중심적인 태도는 긍정의 핵이다.

● 자기중심적인 태도를 0부터 10으로 나타낸다고 했을 때 자신은 어디쯤 해당되는지 체크해 봅시다.

자기 중심 ──────────────────── 상대 중심
　　　　　0　　　　　　　　5　　　　　　　　10

● 자기중심적인 태도에서 상대 중심적인 태도로 나아가기 위해서는 무엇을 어떻게 해야 할지 결심을 적어주시기 바랍니다.

자기와 비교한다

타인과 비교하는 버릇은 세 살 정도부터 시작된다. 교류분석의 창시자 에릭 번(Eric Berne)에 의하면, 만 3세가 되면 '내 것이 더 낫다.'라는 게임을 하기 시작하여, 빵을 먹어도 형보다 더 큰 것을 먹어야 만족하고, 장난감을 사도 더 많이 사야 만족한다고 한다. 성장하면서 이 게임이 중단되지 않으면 어른이 돼서도 가치와 상관없이 더 큰 집, 더 좋은 차를 사려고 한다는 이야기다.

우리의 뇌는 끊임없이 비교활동을 한다. 0.1초 동안 사진을 보여주면서 실험을 한 결과 아인슈타인을 본 학생들은 바보스러운 역할을 하는 김인권 사진을 본 학생들보다는 자신이 덜 똑똑하다고 느꼈고, 매력적인 스타를 본 학생들은 일반사람을 본 학생들보다는 자신이 덜 매력적이라고 평가했다는 것이다. 버트런드 러셀(Bertrand Russell)은 이러한 문제의 핵심을 "거지는 백만장자를 부러워하지 않는다. 자신보다 조금 돈이 많은 거지를 부러워할 뿐이다."라고 말했다. 그만큼 타인과 비교하는 버릇은 뿌리가 깊어 여간 고치기가 어려운 것이 아니다.

타인과 비교를 하는 사람의 특징은 첫째 자존감이 낮다. 자기보다 못한 사람과 같이 있으면 이야기가 술술 나오나 자기보다 나은 사람과 같이 있으면 꿀 먹은 벙어리가 된다.

둘째, 타인과 비교를 하는 사람은 흑백논리적 사고를 하는 경향이 있다. '요즈음 젊은 녀석들은 버릇이 없어!'라고 하면서 어른과 비교를 한다. 우리는 그것을 의식적으로 3가치사고로 전환할 수 없는지 생각해봐야 한다. OX는 흑백논리적 사고이고, '상중하'는 3가치사고이다. 3가치사고를 해야 비교의 관점이 안 들어간다.

셋째, 타인과 비교하는 사람은 타인의 성공보다는 실패를 기뻐한다. 동료의 성취와 승리에 풀이 죽고 동료의 실패와 파멸에 안도감을 느낀다. "언니, 축하해요."라고 동료 앞에서는 기뻐하는 척하지만 뒤에서는 배 아파한다.

우리가 타인과 비교하는 한 부정적인 사고에서 벗어날 수 없다. 성공한 사람은 타인과 비교하지 않는다. 자기 자신과 비교한다. 세계적인 피겨선수 김연아는 일본의 아사다 마오와 비교하지 않는다. 언제나 자신을 경쟁자 삼아 도전한다. 세계적 바이올리니스트 사라 장은 연주가 끝난 후 평론가의 평가를 듣지 않는다. 그날 밤 자기 만족도를 가지고 스스로 평가를 한다.

부정적인 사람은 자기중심적이거나, 상대와 비교를 하거나 아니면 험담을 하는 사람들이다. 그러나 긍정적인 사람은 상대 중심적이고 자기와 비교를 하고 험담도 하지 않는 사람이라고 판단해도 좋을 듯하다.

자기
성장
훈련

자기진단 체크 3

타인 비교에서 자기 비교로 가까이 다가가려면, 과거의 자신과 비교를 하거나 자기 마음속으로 정한 기준을 적용해서 스스로 판단하면 된다.

아이들에게 자기 자신과 비교하는 습관을 유산으로 물려주자. 자기 자신과 비교하는 아이는 다른 아이들 성적에는 관심도 없다.

● 타인과 비교하는 생활태도의 정도를 0부터 10으로 나타낸다고 할 때 자신은 어디쯤 해당되는지 체크해 봅시다.

타인비교 ————————————————————— 자기비교
　　　　　0　　　　　　　　　　5　　　　　　　　　10

● 타인비교로부터 자기비교의 생활태도로 나아가기 위해서는 당장 무엇을 고쳐야 할지 적어주시기 바랍니다.

2 | 행복한 사람은 매일 끊임없이 훈련한다

며느리가 어느 날 갑자기 "아버님은 행복하세요?"라고 묻는다. 갑작스러운 질문에 어떻게 대답할지 몰라 잠시 머뭇거렸다.

이때 뭐라고 답변하는 것이 좋을까?

'지금 행복하세요?'라고 물으면 답변하기가 곤란해서 망설이든가 아니면 단답형으로 나올 가능성이 많다. 앞으로는 주변 사람들에게 '지금 행복하세요?'라고 묻기보다는 '행복하기 위해 무엇을 하고 계신가요?' 또는 '행복하기 위해 어떤 노력을 하고 계신가요?'라고 물어보면 행복에 대한 좀 더 소중한 정보를 얻을 수 있을 것이다.

행복을 연구하는 학문인 '긍정 심리학'이 세상에 나온 지도 20여 년이 지났다. 그동안 사회 전반에 걸쳐 많은 변화가 일어났다. 우선 문제 해결에 대한 접근 방식부터 변화가 왔다. 예를 들어 간호사의 이직률을 줄이기 위한 대책을 수립할 때 예전에는 이직에 대한 문제와 대책을 연구하였으나, 최근에는 간호사들이 병원에 남는 이유를 연구하여 이를 더욱 신장, 강화시키는 방식 즉, 장점을 강화하기 위한 대책을 수립하는 경향으로 바뀌었다.

사람들이 행복한 나날을 보내기 위해 '감사일기'를 쓰고, 기업체는 봉사 대상과 봉사 횟수를 늘린다. 우울한 감정을 떨쳐버리기 위해 '오늘 잘한 일 3가지'를 적어 보기도 한다. 또한, 오늘 하루를 즐겁게 살기 위해 아침부터 마음속으로 웃기도 한다. 자신의 강점을 발견하고 일상생활에서 끊임없이 강점을 실천하며 살아가려고 노력도 한다.

미국의 로스 경영대학원은 '최고의 나 찾기 운동'을 교과과정으로 채택하여 자신의 강점을 발견하고 재능을 극대화시키는 데 도움을 주기 시작했다. 마음의 평화와 행복을 위해 '명상'도 많이 보급되었다. 기업체나 학교에서도 명상훈련을 하는 곳이 늘어나고 있다.

산업사회는 점점 활기차고 자유로워진다. 직급이 폐지되는 회사가 늘어나고 회사가 마치 놀이터처럼 변하는 회사도 생겼다. 직원이 행복해야 창의력도 생기고 생산성도 증가될 수 있다는 취지이다.

심리학자 소냐 류보머스키(Sonja Lyubomirsky)의 연구에 의하면 행복을 결정하는 요소 중 우리 힘으로 변화시킬 수 있는 부분은 약 40%라고 했다. 계속해서 노력하면 행복을 증진시킬 수 있다는 이야기다. 연구 결과에 의하면 행복해지려고 노력하면 기분이 더 좋아질 뿐만 아니라 창의성이 향상되고 직장의 생산성도 올라가고 더 장수할 수 있다고 한다.

여러 가지 행복연습 중 자기에게 어울리는 것을 하나 골라 꾸준히 연습하면 마음은 점점 따뜻해지고 밝아질 것이다. 행복연습도 육체 운동과 비슷해서 끊임없이 훈련해야 효과를 볼 수 있다. 한두 번 연습했다고 강한 신체가 되는 게 아니듯이 우리의 정신도 끊임없이 훈련을 해야 강해진다. 그리고 노력한 만큼 보상을 받게 된다.

'최강의 나'를 만든다

휴렛패커드는 조직 분위기가 침체되자 직원들의 사기를 앙양하고 행복을 증진시키기 위하여 5년 뒤의 회사의 모습을 'HP 최강에 오르다.'라는 제목으로 잡지를 만들어 돌렸다. 거기에는 어떤 노력을 하여 최강에 오르게 되었는지 그 내용도 적혀 있고, 임직원들이 원하는 가치의 변화를 정확히 짚어 가상의 스토리로 표현하기도 했다. 자축하는 사진도 함께 첨부했다. 이를 읽어본 직원들은 대만족이었다.

대학교 3학년의 꿈 많은 한 여학생은 '최강의 나'를 만들 때 외무장관의 부인이 되어 건강한 아이를 둘 낳고 나라를 위해 내조를 다하는 행복한 모습을 그리기도 했다.

가상의 스토리를 만드는 방법은 모든 것을 갖추고 있기 때문에 매사가 순조롭게 다 풀렸다고 생각하면서 만들면 된다. '최강의 나'를 만들면 자연히 즐겁게 되어 삶의 만족도가 높아진다. '최강의 나'를 만들면 우울한 기분을 날려 보낼 수 있고 스토리를 만드는 과정에서 목표와 목표에 도달하는 방법도 생각하며 목표에 도달하기 위해 무엇이 필요한지도 생각하게 된다. 이때 성과뿐만 아니라 역경에 부딪쳤을 때 역경을 극복하는 방법도 함께 생각해 볼 수 있다.

최강의 나

    인생의 모든 꿈을 성취한 가상의 스토리를 만들어봅시다. 미래의 바람직한 모습을 상상하면서, 그동안 역경도 많았지만 열심히, 열심히 일해 바라는 목표를 모두 달성했다고 상상하면서 '최강의 나'를 만들어봅시다. (시간은 약 30분 정도.)

_____

_____

_____

_____

_____

_____

과거를 긍정적으로 회상한다

과거에 똑같이 행복한 시간을 보냈는데도 그것을 회상할 때 어떤 사람은 좋았던 것만 떠오르고, 어떤 사람은 부정적인 것만 떠오른다. 만약 과거를 회상할 때 부정적인 것만 떠오르는 사람은 '긍정회상'을 습관화하여 마음속에 있는 부정적인 경험을 몰아내는 것이 좋을 듯하다. 마음을 확실하게 즐겁게 해주는 방법 중 하나가 '긍정회상'이기 때문이다. 시카고 대학의 프레드 브라이언트(Fred Bryant) 박사는 과거에 거둔 성공을 긍정적으로 회상하면 사람들이 더 행복해진다는 것을 발견했다.

나와 상담을 했던 30대 초반의 여자는 기분이 좋고 조금 행복해지면, 시어머니한테 전화를 걸어 야단을 맞는다. 그리고 기분이 우울해진다. 그러다가 다시 기분이 나아지고 또 행복해지면 시어머니에게 전화를 걸고 또 야단을 맞아 우울해지고, 이를 아직도 반복한다. 그는 행복이 아니라 우울이라는 감정을 수집하는 사람이었다.

옛날 아우슈비츠 강제수용소에서는 하루에 감자 한 개로 하루의 끼니를 해결해야 하는 경우가 허다했다고 한다. 이때도 수용소 안에서 '상상의 만찬'을 즐긴 사람들이 있었는데, 그들은 정기적으로 만나서, 둥 그렇게 앉아 눈을 감고 저녁을 맛있게 먹으면서 포도주도 마시고 디저트까지 먹으면서 즐겁게 회상하는 시간을 가졌다고 한다.

살짝 우울한 사람은 좋은 생각과 나쁜 생각이 마음속에서 떠오르는 비율이 1 : 1이라고 한다. 행복한 사람이 되기 위해서는 좋은 생각의 비율을 의식적으로 높이면 된다. 우리의 뇌는 먼저 불쾌한 경험을 받아들여 저장하고 반응하는 경향을 가졌기 때문에, 일반적으로 긍정적인 경험이 더 많다고 하여도 부정적 감정이 더 빨리 더 쉽게 자란다. 따라서 우리가 의식적으로 노력하지 않으면 우리 내면은 항상 우울해지기 쉽다.

행복한 마음 상태를 유지하기 위해서는 달콤한 경험에 집중하는 것이 중요하고 의식적으로 긍정적인 사실을 향유하는 것이 중요하다.

내 부친이 뇌졸중으로 쓰러져 누워 계셨을 때 조금이라도 행복해질 수 있게 과거에 좋았던 시절을 회상하도록 도와드렸다. 그때마다 환히 웃으시던 모습이 지금도 눈에 선하다. 아이들이 잠자리에 들기 전에 '긍정회상'을 활용하면 긍정 심상을 만들어 줄 수 있다. "오늘 좋았던 일이 뭐야?" 하고 좋았던 일에 초점을 맞추어 질문을 하면 된다. 가장 좋았던 경험은 가장 긍정적인 어떤 경험을 이야기하는 것으로 이는 자기 긍정으로 이어지기도 한다.

가장 좋았던 경험을 연도별로 회상하기

　처음은 1년간, 다음은 3년 내지 5년 단위로 나누어서 회상하고 마지막은 5세 이하로 회상해봅시다. (5세 이하의 경험을 회상하는 것에는 중요한 의미가 있음.)

• 지금부터 1년 전까지의 경험을 회상하여 쓰기 바랍니다.

_____

_____

_____

• 1년 전부터 과거 3년까지의 경험을 회상하여 쓰기 바랍니다.

_____

_____

- 3년 전부터 8년 전까지의 경험을 회상하여 쓰기 바랍니다. (이때부터
  는 5년 단위로 회상한다.)

_____

_____

_____

- 5세 이하의 경험을 회상하여 쓰시기 바랍니다.

_____

_____

_____

- 만약 5세 이하에서 회상한 것이 부정적이라면 이를 긍정적으로 고쳐
  보기 바랍니다.

  예시: 아버지에게 맞아 울고 있다. → 아버지가 예쁘다고 뽀뽀를 하고 있다.

_____

_____

강점을 매일 활용한다

예전과 달리 일단 사회 분위기가 약점보다는 강점의 중요성을 강조하고 있어 사람들이 자신의 강점에 대하여 생각할 기회가 많아지고 있다. 그에 비례해서 사람들의 자신감이 늘어나고 있다. 우리가 약점에 대하여 생각하면 생각할수록 자신감은 부족해지며 설사 자신의 약점을 고친다고 해도 최고가 될 수는 없다. 강점을 강화해야 최고가 될 수 있다.

강점은 성공에서 가장 중요한 역할을 하는 개인적 특성이며 바로 그런 특성들 덕에 우리는 타인으로부터 인정 받고 칭찬을 받는다. 강점은 자신감을 높여줄 뿐 아니라 인생을 살아가는 데 필요한 무기가 되어 난관을 헤처나갈 수 있게 해준다.

체육 분야에서도 예외가 아니다. 우리나라는 한국형 펜싱을 개발하여 세계를 놀라게 했다. 신체적인 열세에 매달려 주저앉지 않고 우리의 강점인 빠른 잔발로 치고 빠지는 기술로 물리적인 조건을 극복하였다. 한국 선수들의 1분당 스텝 수는 유럽 선수들의 2배 수준이어서, 그들은 1초 동안 5m나 이동할 수 있었다. 일본도 일본형 배구를 개발하여 뮌헨 올림픽에서 금메달을 땄다. 시간차 공격과 드라이브 서브 등 신기술로 신체적인 열세를 극복한 결과였다.

사람들은 강점의 중요성을 알고는 있으나 자신의 강점에 대해서는 별로 아는 바가 없다. 그러나 행복을 위해서는 자신의 강점을 찾아내는 것이 중요하다.

강점을 확인할 수 있는 방법은 첫째, 대화할 때 강점이 나오는 순간이 있다. 눈을 반짝이며 재미있게 이야기하는 순간이나, 말하는 속도가 빨라지거나 말을 더욱 유창하게 하는 순간 등이 강점이 나오는 순간이다.

둘째, 과거에 다른 사람으로부터 칭찬을 받았거나 기쁨을 느낀 것이 무엇인지 생각해보면 된다.

셋째, 과거에 자기가 으스댔던 그 순간들을 떠올려보거나, 가장 자랑스럽게 느꼈던 순간들을 찬찬히 조사해 보면 강점을 찾을 수 있다.

넷째, 어린 시절 어떤 일에 집중하면서 흥미를 느꼈는지 생각해 보면 알 수 있다. 예를 들어 개미를 병에 넣고 개미집이 만들어지는 것을 관찰한다거나 애벌레가 나비가 되는 것에 몰두해 있었으면 원래 자연 탐구에 강점이 있었다고 생각할 수 있다.

다섯째, 현재 신나는 일 또는 가까운 미래에 일어날 일 중에서 간절하게 희망하는 것은 무엇인지 생각해보면 강점을 알 수 있다.

성공은 강점에서 비롯된다. 행복한 삶이란 결국 자기의 강점을 연마하여 이를 매일 활용하는 데 있다. 강점이 무엇인지 알고 일상생활에서도 강점을 활용하려고 노력하면 더욱 활기찬 생활을 할 수 있고 그 결과 강점은 더욱 개발된다.

자신의 강점을 확인한 다음에는 아이들의 강점을 찾아주고 아내의 강점도 찾아주자. 아내의 가장 매력적인 특성이 강점이 될 수 있다. 아내는 자신감을 갖고 아이들은 행복하게 될 것이다.

나의 강점 찾기

강점은 남보다 우세하거나 더 뛰어난 점이다.

가장 뛰어난 리더는 부하의 강점을 보면서 부하를 인정하고 칭찬하는
사람이다.

- 자신의 장점을 7가지 적어봅시다.

_____

_____

_____

_____

_____

_____

● 자신의 장점을 50가지 더 적어봅시다.

● 회사나 가정에서 날마다 발휘되는 탁월한 강점 5가지를 적어봅시다.

_____

_____

_____

_____

● 최근에 자신의 강점을 발휘했던 사례를 적어봅시다.

_____

_____

_____

● 강점 5가지를 앞으로 어떻게 더욱 활용할 것인지 계획을 적어봅시다.

_____

_____

_____

_____

행복한 사람은 그냥 웃는다

행복한 사람은 그냥 마음이 편하고 마음속에 즐거움이 있어 웃는다. 특별하게 웃을 일이 있어서 웃는 것이 아니다. 어린아이처럼 그냥 웃는다. 웃는 사람은 명령하는 법도 없고 'must, should'라는 표현도 잘 쓰지 않는다. 웃는 사람 앞에서는 화를 낼 수 없고 같이 웃을 수밖에 없다. 웃고 있는 표정은 행복한 기억을 되살아나게 하고 배꼽 잡는 웃음은 질병에 대한 면역력도 높여준다고 한다. '많은 날들 중 가장 큰 손해를 본 날은 웃지 않은 날이다.'라는 프랑스 속담도 있다. 많이 웃자! 내가 먼저 인사하고 웃어주자!

일본의 만담가인 우쓰미 케이코는 아버지의 영향을 받아 좌우명을 '거울은 먼저 웃지 않는다.'라고 정한 사람이다. 그는 언제 어디서나 좌우명대로 먼저 웃음을 보이는 삶을 위해서 노력했다고 한다.

미국 남서부의 한 인디언 부족에는 오래전부터 내려오는 '웃음부모'를 맺어주는 풍습이 있다. 아이가 태어나면 아이를 제일 처음 웃게 만든 사람을 '웃음부모'로 맺어줘 평생 관계를 유지하게 한다. 아이는 슬프고 어려운 일이 있을 때마다 '웃음부모'를 찾아가 함께 웃으며 고통과 위기를 극복하게 된다.

노먼 커즌스(Norman Cousins)는 환자의 마음 상태가 면역반응을 포함한 모든 병리학적 작용의 진행에 영향을 끼친다고 주장한 사람이다. 그는 자신이 불치병에 걸린 것을 알고는 웃기는 비디오테이프를 싸들고 산으로 들어갔다. 거기서 그는 맑은 공기와 물을 마시고 비디오테이프를 보면서 배꼽 잡도록 웃으며 6개월을 보냈다. 그 뒤 그는 놀랍게도 건강을 회복했다.

이때 쓴 일기를 존스 홉킨스 의대에 연구 자료로 제공했다. 여기서 3년간 웃음의 운동 효과에 대하여 연구한 결과를 발표했는데, '웃음은 인간을 치료하는 기적의 치료약'이라고 결론지었다. 실제로 웃음은 면역세포인 NK세포를 활성화시키는데 NK세포는 바이러스와 암세포를 가장 빨리 파괴한다고 한다.

르네 뒤보(Rene Dubos, 환경의학의 선구자)는 '웃으면 세상이 함께 웃고, 울면 질병이 따라 웃는다.'는 멋있는 이야기를 남겼다.

**자기
성장
훈련**

스마일훈련

스트레스가 일어날 때 사무엘(Samuel Epstein)박사는 스트레스 상황을
웃음거리로 만들어 웃었다. 예를 들어 시어머니가 잔소리를 할 때 여기
에다가 '히히, 호호, 헤헤!'를 붙여 스트레스 상황를 웃음거리로 만드는
방법을 사용했다. '시어머니가 또 잔소리를 한다. 히히! 호호! 깔깔.'

- 최근에 일어났던 스트레스 상황을 적어봅시다.

- 최근에 웃었던 일을 적어봅시다.

● 최근에 일어났던 스트레스 상황을 웃음거리로 만들어봅시다.

● 배에 두 손을 올려놓고 옆사람과 마주보고 앉아라, 웃어라, 한차례 힘차게 웃어라! 계속 웃어라! '우~하하하, 우~하하하!' 계속 '깔깔깔' 웃고 또 웃어라!

● 눈을 감고 입 모양은 볼펜을 문 것처럼 하고 마음속으로 사람들의 웃는 모습을 연상하거나 재미있었던 과거를 떠올리면서 웃는다. (시간은 15초 이상.)

매일 고마워한다

감사하기는 인생을 전환시키는 강력한 도구이다. 감사하면 여러 가지 좋은 점이 있다. 감사는 스트레스를 잠재우고 부정적 감정을 완화시키며, 감사를 느끼는 사람은 낙천적이 되고 문제해결력도 좋아진다. 또한, 여유로움을 갖게 되고 생활의 만족도도 높아진다. 감사를 표현하면 자존감이 높아지기 때문에 항상 감사하는 사람은 마음이 강한 사람이다.

회의하기 전 또는 고객과 상담할 때 감사한 이야기로 대화를 시작하는 순간, 사람들은 행복해지고 토론도 긍정적인 방향으로 흐르게 된다. 감사의 힘을 활용하면 좋은 것에 더욱 집중할 수 있고 좋은 것에 집중할수록 토론의 결과는 당연히 유익하게 끝난다.

우리 마음속에 켜켜이 쌓여 있는 과거의 일들은 긍정적인 것보다는 부정적인 것이 많아 마음의 평화와 만족을 해친다. 이런 정서를 안정과 만족으로 바꿀 수 있는 방법이 감사하는 마음이다. 매일 감사한 일을 생각하는 사람은 긍정적인 사고와 정서를 소유하게 된다.

오프라 윈프리(Oprah Winfrey)는 인생을 전환하기 위한 강력한 도구로 '감사하기'를 택했다. 그녀는 매일, 어제 일어난 일 중 감사한 일을 5개 작성하였다. 같이 산에 다니는 내 친구도 이를 본받아 역시 매일 5가지의 감사한 일을 일기처럼 적었다. 확실히 그 친구의 얼굴은 밝아졌고 여유로워졌다.

미국에는 좋은 전통이 하나 있다. '추수감사절'에 '감사 나누기'를 하는 전통이다. 저녁 식사를 하면서 최근 무엇에 감사하는지를 돌아가면서 이야기하는 풍습이다. 감사한 것을 이야기하는 순간 가족들은 행복해지기 시작하며 긍정적으로 변화가 오는 것을 느낀다. 밥상머리에 앉아서 훈계하는 것도 때로는 필요하지만 그보다 최근에 감사했던 일이 무엇이 있었는지 이야기를 나누면 가족들이 행복해진다.

감사의 속성에 관한 아주 특별한 심리학 실험이 있다. 한 마을을 대상으로 매일 아침마다 각 집에 만 원씩 아무 조건 없이 나누어 주고 그 결과를 관찰하는 실험이었다.

첫날은 사람들이 고개를 갸우뚱하면서 제정신으로 하는 짓인가 하면서도 그 돈을 집어 갔다. 둘째 날도 거의 비슷한 상황이 벌어졌다. 셋째 날이 되자, 마을 사람들이 돈을 준 사람에 관한 이야기로 말들이 많았다. 신기해하고 고마워하기도 하였다.

두 번째 주가 되자 사람들은 기다리게 되었다.

세 번째 주가 되자 사람들은 더 이상 신기해하거나 고맙게 생각하지 않게 되었다. 네 번째 주가 되자 돈 받는 것은 매일 아침 세수하는 것처럼 일상사가 되어버렸다. 실험이 끝나는 날, 그 사람이 돈을 주지 않고 그냥 골목을 지나갔다. 그러자 이상한 반응들이 튀어나왔다. 그중에는 "왜 내 돈 만 원을 안 줍니까?" 하고 따져 묻는 사람도 있었다. 마을 사람들에게 매일 만원을 받는 일이 어느새 당연한 권리처럼 되어버렸다.

우리가 가진 너무나 많은 감사한 것들을 당연하게 여기는 경향을 꼬집은 실험이다. 항상 부족하다고 느끼면 부족함이 채워지지 않고 부족함이 늘어만 간다고 루소(Jean Jacques Rousseau)도 주장했다. 이것도 감사하고 저것도 감사하다는 마음을 가질 때, 오히려 물질적인 풍요가 온다고 했다.

우리는 우리가 가진 모든 것에, 익숙해진 모든 것에 항상 감사하는 마음을 가져야 한다. 우리가 가진 모든 것에 감사하지 않으면 더 좋은 일이 일어날 수 없다. 왜냐하면, 고마워하지 않을 때 내뿜는 생각과 감정은 모두 부정적이기 때문이다.

하루를 시작하기 전에 고마움을 느끼는 일부터 시작하면 자기부정으로부터 해방된다. 불평불만이 줄어들고, 부정적인 사고가 긍정적으로 변하면서 머리는 창의적으로 변한다. 감사의 힘은 위대하다.

10분 감사

● 아침에 일어나 앉아서 약 10분 정도 감사한 일에 집중하면서, 오늘
하루 누구에게 또 무엇에 대해 감사할 것인지 3가지만 적어봅시다.

_____

_____

_____

_____

_____

_____

_____

'인생' 프로젝트를 만든다

'인생' 프로젝트가 없다는 것은 짙은 안개가 낀 거리에서 차를 운전하는 것과 같다. 앞차가 잘 보이지 않으니 운전이 여간 조심스럽지가 않다. 그러나 어느 순간 짙은 안개가 걷히면 앞이 환해 기분 좋게 운전할 수 있다. 프로젝트가 있다는 것은 짙은 안개가 걷힌 것과 같다.

실패자만 연구하는 어떤 학자에 의하면 실패자의 공통점 중 제일 첫 번째가 목표가 없는 것이라고 한다.

사람들은 왜 목표가 없을까? 왜 꿈이 없다고 할까? 목표의 중요성을 알면서도 왜 목표와 함께 살아가지 않을까?

물론 목표가 중요하지 않다고 하는 사람도 있다. 목표를 설정하는 방법을 잘 몰라서 목표를 설정하지 않을 수도 있다. 그러나 분명한 것은 목표가 없으면 그 자리를 다른 사람이 대신하게 된다. 부모가 대신할 수도 있고, 할아버지 할머니가 대신할 수도 있다. 그 순간 자신이 원하는 삶은 사라지고 다른 사람이 내 삶을 좌우하고 만다.

어느 명언이 마음에 드시나요?

1. 어디로 가고 있는지 모르면 당신은 결국 원하지 않은 곳으로 가게 된다. -**요기 베라**(Lawrence Peter Yogi Berra)

2. 나는 적당주의로 각자 자신에게 허락된 시간을 귀중한 줄 모른 채 헛되이 낭비하는 것보다 멍청한 짓은 없다고 생각한다. 우리 인간 누구에게나 주어진 한 생애 동안 역사에 남을 훌륭한 정치가가 될 수도 있고 학자, 혁명가, 문학가, 음악가, 화가, 그리고 기업가가 될 수도 있다. -**정주영**

3. 꿈을 날짜와 함께 적어놓으면 그것은 목표가 되고, 목표를 잘게 나누면 그것은 계획이 되며 그 계획을 실행에 옮기면 꿈은 실현되는 것이다. -**그레그 S. 레이드**(Greg S. Reid)

4. 비장의 무기가 아직 나의 손에 있다. 그것은 희망이다.
   -**나폴레옹**(Napoleon)

5. 실패하기 위한 계획을 세우는 사람은 없다. 다만, 성공을 위한 계획을 세우지 않을 뿐이다. -**윌리엄 A. 워드**(William A. Ward)

6. 한 번 넘어졌을 때 그 원인을 깨닫지 못하면 일곱 번을 넘어져도 마찬가지다. 가능하면 한 번만에 원인을 깨달을 수 있는 사람이 되어야 한다. 실패를 두려워하기보다는 진지하지 못한 태도를 두려워해야 한다. -마쓰시다 고노스케

7. 삶에서 가장 파괴적인 단어는 '내일'이다. 내일이란 단어를 자주 사용하는 사람들은 가난하고 불행하며 실패한다. 이런 사람들은 종종 내일부터 투자하겠다고 말한다. 또는 내일부터 운동과 살빼기를 시작하겠다고 말한다. 오늘은 '승자'들의 단어이고, 내일은 '패자'들의 단어라고 한다. 당신의 인생을 바꿀 수 있는 말은 '오늘'이다.

   -로버트 기요사키(Robert Toru Kiyosaki)

- 앞에 제시된 7가지 명언 중 마음에 제일 와 닿는 명언은 몇 번인지, 그리고 그 이유는 무엇인지 써주시기 바랍니다.

강의 중에 '목표의 힘'을 느끼게 하기 위해 교육생을 대상으로 간단한 연습을 해보는 경우가 많았다. 10분 동안 실천 가능한 목표를 설정한 다음에 계획대로 행동을 해보는 실습이었다. 10분간 목표를 다 작성했는지 확인한 다음 시작하자는 말이 떨어지자마자 칠판을 깨끗하게 지우는 교육생도 있었고 탁자 위에 놓인 물을 마시는 교육생도 있었다. 운동 하는 사람, 노래 부르는 사람 등 재미있는 활동이 펼쳐졌다. 각자 자기가 세운 목표대로 실천하고 있었다.

우리는 대개 해야겠다는 결정만 정확히 내리면 상상했던 것 이상의 일을 할 수 있다. 목표가 없으면 정신 에너지가 집중이 안 되며 행동은 분산이 된다. 꼴찌에게는 목표가 없다. 목표가 있는 사람은 뛰고 목표가 없는 사람은 절대로 뛰지 않는다. 목표의식이 강한 사람은 세상을 편히 산다든가 좀 쉬고 싶다는 이야기를 하지 않는다. 목표의식이 없는 사람은 멍하니 있는 시간이 많고 무료하게 지내며 빈둥거리는 때가 많다. 목표가 명확하면 자신감이 커지고 능력이 향상되고 의욕이 많아진다.

하버드대학의 학생을 대상으로 한 유명한 연구에서 졸업생의 3%가 나머지 97%의 수입을 합친 것보다 10배나 많은 수입을 올렸다고 한다. 이 3%는 미래목표를 정확하게 글로 적어둔 사람이었다고 한다.

인생을 소중하게 열심히 살려면 목표가 있어야 한다. 인생도 목표를 향해 나아가야 방향감과 안정감이 생기기 때문이다. 목표를 정해놓고 끈질기게 노력하면 인생의 방관자에서 적극적인 참여자로 변한다.

목표가 있는 사람은 자기의 잠재력을 현재화시키는 사람이다. 목표는 마치 높이뛰기의 가로막대와 같다. 높이뛰기 선수에게 이 가로막대가 없으면 높이 뛸 수 없다고 한다. 가로막대는 선수들에게 관심과 능력, 신경을 집중시키는 역할을 한다.

또한, 목표가 있는 사람은 '시간 관리'를 하기 때문에 몹시 바빠진다. 해외 건설업체 소장으로 있다가 해외 감옥에서 1년간 옥살이를 한 친구가 있었다. 그는 회사 일을 하다가 현지인의 모함으로 억울하게 1년간 객지의 감옥에서 살았다. 나중에 건설회사 사장과 정부의 도움을 받아 나왔다고 한다. 그런데 그 감옥에서 어떻게 시간을 보냈느냐고 하니까, 그 친구는 감옥에서 매우 바쁘게 지냈다고 한다. 이유를 물어보니 24시간 중에서 잠자는 시간을 빼놓고 나머지 시간을 30분 단위로 쪼개서 행동목표를 정해놓고 생활했다고 한다.

목표를 설정하는 방법은 여러 가지가 있으나 일단 아래와 같이 목표를 설정하고 생활해보자. 하루하루가 안정되고 활기차게 될 것이다.

자기
성장
훈련

행동목표

우리는 어떤 신념을 가지고 인생을 살아가고 있을까? 신념이 바탕이 되면 목표의 설정과 행동의 실천은 더욱 높아질 수 있다.

● 만약 모든 조건이 다 갖추어져 있고 절대로 실패하지 않는다고 했을 때 앞으로 무슨 일을 해보고 싶은지 써보시기 바랍니다.

_____

_____

_____

_____

_____

_____

이를 바탕으로 매일 저녁, 다음 날 달성할 10개의 행동목표를 적는다. 그리고 그 다음 날 열심히 실천한 다음 저녁에 검토를 하고 다시 10개의 행동목표를 작성하고 그 다음 날 또 실천한다.

10개의 행동목표에는 하고 싶은 것과 해야 하는 일 등이 들어 있을 것이다. 10개의 행동목표는 마음만 먹으면 누구나 작성할 수 있다. 이렇게 3주일만 하면 습관이 형성될 것이고 2개월만 지나면 주 단위 목표까지 잡을 수 있다.

주 단위 목표를 정할 때는 일주일에 3개 정도의 목표를 세우면 된다. 주 단위의 목표를 실행에 옮기면서 하루에 10개의 행동목표를 달성하면 된다. 주 단위의 목표를 잡아 실행하다 보면 한 달의 목표 그리고 연간 단위의 목표까지 설정하게 된다.

목표를 기반으로 한 일상의 행동은 의미심장한 인생을 만든다. 이렇게 작성하다 보면 마음은 한층 즐거워지고 안정되면서 행복해진다. 흘러가는 시간을 자기가 관리하고 진정한 노력의 의미를 깨닫는다. 목표의 설정과 행동의 실천은 평생 계속되는 작업이다.

3 | 행복한 사람은 바로 움직인다

우리 삶을 바꾸는 일은 마음먹은 것만 가지고는 안 된다. 실천 즉, 행동이 필요하다. 많은 사람들이 마음만 먹는다. 실천을 안 한다. 그래서 평범한 사람이 된다. 실천을 하려면 인내력도 필요하고 불안도 극복해야 하고 완벽성도 완화시켜야 하기 때문이다.

생각한 것은 바로 행동으로 옮긴다

처마 위에 제비가 다섯 마리 앉아 있었다고 하자. 그중 네 마리가 날아가기로 마음먹었다면 남은 제비는 몇 마리일까? 한 마리는 아니다. 그렇다. 다섯 마리이다. 마음먹은 것과 행동하는 것은 다르기 때문이다.

많은 사람들이 마음만 먹고 행동은 안 한다. 그러나 성공한 사람들은 아이디어가 떠오르면 바로 움직인다.

주변에 감탄할 정도로 바로 움직이는 사람이 있었다. 그는 친구가 사업을 같이하자고 제안을 하자 꾸물거리지 않고 바로 사실 여부를 확인하기 위하여 머나먼 미국의 본사로 날아갔다. 그의 친구는 그에게 미국에 본사가 있고 국내에 지사를 검토하고 있는 회사라고 하면서 업종과 사업내용, 조건 등에 관한 이야기를 해주며 이 사업이 어떠냐고 제안을 한 것뿐이었다. 아는 사람도 없었고 소개장도 없었다고 한다. 무작정 본사로 가서 자초지종을 확인했다는 것이다. 틀림없다고 생각한 그는 한국에 돌아오자마자 바로 사업을 전개하기 시작했고, 얼마 후 큰돈을 벌었다. 많은 친구들이 '글쎄, 글쎄'라고 할 때 그는 움직였다. 그는 어떤 제안이나 아이디어가 떠오르면 바로 그 제안과 관련된 전문가를 찾아가는 사람이다. 사람을 처음 만날 때는 자기의 취미, 가족관계는 물론이고 지금까지의 발자취뿐만 아니라 자기의 이념, 이상까지 정리한 파일을 가지고 다니면서 자기는 이런 사람이라고 자기소개를 한 사람이다.

돈을 벌고 싶거든, 성공을 하고 싶거든 마음속에 간직하지 말고 바로 움직여라. 아이디어가 떠오르거든 바로 움직여라!

'목표설정' 시간에는 보통 모든 여건, 즉 자금도 충분하고 시간도 충분하다고 생각하고 큰 그림을 그려 보라고 주문한다. 그런 다음 세부적인 계획을 잡고 실행에 옮길 때에 예상되는 어려운 점, 문제점, 심지어 온갖 구실, 핑계까지 적게 한다.

그러나 이렇게 세세한 계획을 세우고도 계획대로 실행하는 사람은 별로 없다. 그래서 결국 평범한 사람이 된다.

세상에는 결정력과 실행력이 부족해서 말만 앞세우고 실행은 하지 않는 사람이 무척 많다. 무엇을 하든 우물쭈물, 꼼지락거리기만 한다. 걱정도 많고 의심도 많다. '언젠가는 해야지'하면서 미루는 사람도 있다. 자신을 속이고 남을 속이며 핑계를 찾는 일에 몰두한다. 강의 중에 교육생들에게 좋은 이야기를 많이 했지만 사람들은 실천하지 않았다. 그래서 사람들은 변하지 않았고 그 결과 나와 같은 강사는 같은 이야기를 반복하면서도 강사료를 계속 받아 부자가 된다.

생각한 것은 반드시 행동으로 옮겨보자. 지금 당장에라도 마음속에 품고 있던 자그마한 것을 실행에 옮겨보자. 꼭 해야만 하는 것 중 차일피일 미루면서 안 하고 있는 것을 하나 골라 바로 실행에 옮겨보자. 우선 주변을 깨끗하게 치워보자. 책상을 깨끗하게 치워도 좋고, 방 청소를 해도 좋다.

성공한 사람은 생각과 말과 행동이 일치한 사람이다. 어떤 일이든 생각만 하지 말고 실행에 옮겨보자. 경험을 통해 기술을 쌓을 수 있을뿐더러 자기 자신의 문제로부터 외부의 세계로 눈을 돌릴 수 있다. 인생이 달라진다.

인내력 강화는 필수다

어떤 훈련을 하든, 단 한 번으로 끝나지 않는다. 매일 훈련을 해야 성과가 있다. 언제나 그 중심에는 인내력이 있다. 여기에 적합한 표현으로 마부위침(磨斧爲針)이란 말이 있다. 도끼를 갈아 바늘을 만든다는 뜻으로 아무리 이루기 힘든 일이라도 끊임없는 노력과 끈기가 있으면 성공한다는 뜻이다.

인생에서 긍정적인 성과는 두 가지 측면 즉, 지적 능력과 자기 절제 능력에 의하여 이루어진다. 지적 능력은 훈련으로 향상 가능성이 거의 없으나 자기 절제는 훈련으로 향상된다고 한다.

인내심은 아주 중요한 삶의 자세이자 태도이기 때문에 언제부터인가 회사에서 신입사원을 채용할 때에도 인내력을 테스트하기 시작했다. 상사들은 중도에 포기하는 나약한 사람을 제일 싫어한다. 일단 지시를 받으면 끝까지 최선을 다하는 사람을 좋아한다. 무슨 일을 하든 중도에 포기하기는 쉽다. 계속하기가 어렵다. 계속하기 위해서는 인내력을 발휘해야 한다.

인생을 바꾸고 싶다면 자기 절제력을 강화시키는 것으로부터 시작해야 한다. 꾸물거리거나 미루는 습관이 있는 학생은 성적이 좋지 않다. 이는 자기 절제력을 강화해야 된다는 신호로 봐야 한다. 게임에 중독된 학생, 친구와 싸우는 학생도 자기 절제력이 부족한 탓이다. 자기 절제력이 강할수록 남들보다 더 행복하고, 인간관계도 훨씬 만족스럽고, 돈도 잘 벌고, 직장에서 성공하며, 심지어 수명도 훨씬 더 길다고 한다.

그렇다면 인내력을 기르기 위해 우리는 어떻게 해야 할까?

첫째, 무슨 행동을 하든 매일 일정한 시간을 정해서 꾸준히 행동을 하면 인내력이 강화될 수 있다. 조선 시대에는 세자로 책봉되면 아주 특수한 훈련을 시켰다고 한다. 세자는 아침마다 두 손으로 귀를 막은 채 얼굴과 머리 전체를 소금물을 넣은 큰 대야에 푹 담그고 숫자를 헤아리는데 그 시간을 매일 조금씩 늘려나가야 했다.

켈리 맥고니걸(Kelly McGonigal)은 뇌는 경험에 반응하기 때문에 매일 수학 훈련을 하면 결국 수학을 잘하게 되고, 걱정을 매일 하면 결국 쉽게 걱정하게 된다고 했다. 만약 명상을 매일 하면 집중력, 스트레스 조절, 그리고 충동억제와 같은 자기 절제력이 향상된다고 했다.

둘째, 인내력을 발휘하기 위해서 미리 고통의 정도를 예측하면 고통을 이길 수 있다. 주사를 맞을 때 간호사는 주삿바늘이 들어갈 때 조금 따끔할 것이라고 이야기 해준다. 차력사가 대못이 박힌 곳에 누워 있으려면 이 고통을 이기기 위해 고통의 정도를 예측해야 한다.

셋째, 의지력의 핵심 성분이 포도당이라고 주장하는 연구도 있어 포도당이 고갈되지 않도록 주의할 필요가 있다. 힘든 결정을 많이 하여 의지력을 많이 소모하면 의지력의 핵심 성분인 포도당을 많이 소모하여 자기 절제력이 약화될 수밖에 없다는 것이다. 이때는 포도당을 보충해줘야 다시 절제력이 강화되어 자제력을 발휘할 수 있다. 하루 종일 환자를 진찰하느라 자기 절제력이 소진된 피곤한 의사에게 의지력의 핵심 성분인 포도당을 갖다 주면 만족할 만한 진찰을 받을 수 있다. 특히 회사에서 중요한 의사결정 회의를 할 때는 과일을 많이 들여놓는 것이 상사로부터 귀여움을 받는 방법이 될 것이다.

재능도 교육도 인내를 대신할 수 없다. 인내와 의지만이 모든 것을 가능케 한다. 인내력은 최고의 가치이다.

자기
성장
훈련

이완반응 명상

매일 간단히 할 수 있는 명상으로는 '이완반응 명상'이 있다. 스트레스가 쌓여있는 현대인은 마음속 고통의 원인이 되는 집착이나 긴장을 내려놓지 않는 한 고통을 피할 길이 없다. 이완반응 명상은 집착이나 긴장을 내려놓는 아주 기본적인 방법이다. 실행하기가 쉬우면서 자기 절제력을 향상시킬 수 있다.

명상 방법

1. 자신의 호흡에 대해 아무 판단 없이 바라보며 주의를 집중한다.
2. 편안히 앉은 채 눈을 감고 한 손을 아랫배에 올려놓는다.
3. 깊이 숨을 들이마시면 아랫배가 올라가고 천천히 숨을 내쉬면 아랫배가 내려간다. 주의의 초점을 여기에 둔다.
4. 새벽에 일어나 바로 하면 산뜻한 하루를 맞이할 수 있다. 처음에는 5분 정도 하다가 차츰 늘려서 10분 정도 한다.

분노를 다스린다

마음속에 있는 분노는 행동을 제약할 수도 있고 행동을 활성화시킬 수 있는 만큼, 분노를 잘 다스려야 올바로 움직일 수 있다.

한번은 스리랑카 알루보물레 스마나사라의 저서 『화를 다스리면 인생이 변한다』에 나와 있는 대로 손녀딸에게 질문을 했다.

"A라는 사람이 나에게 화를 냈다고 하자. 나는 아무 짓도 하지 않았는데, A라는 사람이 펄펄 뛰며 나에게 화를 냈어. 이때 나까지 같이 화를 냈다면, A라는 사람과 나 두 사람 중에 누가 더 나쁜 사람이 될까?"

손녀딸은 내가 더 나쁘다고 했다. 11살 먹은 아이가 어떻게 정답을 알아맞혔을까? 대견스럽다. 나는 나쁜 이유를 손녀딸에게 자세하게 설명해 주었다.

"어째서 내가 더 나쁘냐 하면, A라는 사람이 화를 내고, 그의 말을 듣고 내가 화를 냈다는 것은 나의 마음이 A라는 사람의 말에 오염이 되었다는 것으로 첫 번째 잘못을 했고, A라는 사람에게 화가 나서 다시 화를 되갚은 것은 두 번째 잘못인데 이것 역시 내가 했기 때문에 내가 더 나쁜 것이다."

자기감정은 자기 책임이다. 남의 감정까지 책임질 필요는 없다.

석가모니가 길을 걷고 있는데 어떤 못된 놈이 다가와서 욕을 했다. 석가모니는 빙그레 웃기만 했다. 이때 옆에 있던 제자가 어째 화를 안 내고 웃기만 하느냐고 묻자 "내가 욕을 받지 않았는데 어찌 내가 화를 내느냐?"라고 했다. 그가 나에게 선물을 주었을 때, 내가 선물을 받지 않으면 그 선물은 다시 그에게로 가는 이치와 같다고 하였다. 감정을 잘 다스리는 것은 리더에게 가장 중요한 요소 중 하나이다.

우리는 살아가면서 많은 불이익을 당한다. 그러면 우리는 상대에게 화를 내기도 하고 자신에게 화를 내기도 한다. 화를 낸다는 것은 어디까지나 자연스러운 감정이다.

분노에는 해로운 측면과 이로운 측면이 있다. 해로운 측면은 만약 분노를 부적절하게 표현하거나 분노를 무시해버리면 자신은 물론이고 타인에게도 해가 될 수 있다는 점이고, 이로운 측면은 분노가 장애를 극복하는 힘이 되기도 하고 목표를 달성하기 위해 적극적으로 행동하게 만들기도 한다는 점이다.

분노를 표현할 때 유의할 사항이 몇 가지 있다. 분노를 표현할 때는 이메일이나, 문자메시지로 하는 것보다는 직접 대면하여 얼굴을 보면서 하는 것이 좋다. 이메일이나, 문자메시지로 하게 되면 좋지 않은 감정이 생기기 쉽기 때문이다.

또한, 반드시 현재형으로 말하면서 화가 난 이유를 구체적으로 표현하는 게 좋다. '항상', '결코'라는 말은 사용하지 말고 행동만을 구체적으로 표현해야 한다. 예를 들어, '당신이 날 쪼잔하게 봤기 때문에……' 이렇게 말하지 말고 쪼잔하게 여긴 구체적 행동을 이야기하는 것이 좋다.

화를 가라앉게 하려면 처음 10초 이내에 제압을 하든가, 상대의 손을 잡고 있으면 어느 정도 진정이 된다. 또는 상대를 눕히거나 손을 씻어도 화가 가라앉게 된다.

자애(慈愛)명상을 하면 분노가 사라진다

인간의 원시 감정 중의 하나가 적대감정과 공격성이다.

인간은 적대감정이 있기 때문에 서로 싸우고 죽이고 전쟁을 일으킨다. 사람들의 적대감정을 과연 어떻게 해소할 수 있을까?

인간의 적대감정을 확실하게 잠재울 수 있는 방법은 자애명상이다. 자애명상은 철저하게 적대감정을 버리고 사랑과 자애로 가득 채워 평정의 마음이 삶 속에 배어 나오도록 하기 위한 것이다. 자애명상을 하면 마음이 쉽게 고요해지고 얼굴색이 맑고 깨끗해지며 삶을 긍정적으로 볼 수 있게 해준다.

자애의 마음을 확장시키면 두려움도 사라진다. 부정적인 정서는 두려움이 원천이고 긍정적인 정서는 사랑이 원천이기 때문이다.

자애명상은 일상생활에서도 사용할 수 있다. 회의하기 전에 참석자를 한 사람씩 마음속에 떠올리면서 자애명상을 하면 회의가 좀 더 활기 있고 생산적으로 흐르게 된다. 전화를 걸기 전에 잠시 상대를 마음속에 떠올리면서 자애명상을 하면 조금 더 편안하고 즐겁게 대화를 할 수 있다.

자애명상 수련 방법

1. 허리를 펴고, 손을 무릎 위에 올려놓고 눈을 감고 편안하게 심호흡을 3번 한다.
2. 자신의 장점을 생각한다.
3. 마음속에서 따뜻한 행복감을 느껴본다.
4. 사랑, 행복, 평화의 느낌이 가슴에서 온몸으로 퍼져나가게 한다.
5. 나에게 행복하소서~건강하소서~평화로우소서~ 라고 기원한다.
6. 상대의 좋은 점을 생각한다.
7. 상대를 떠올리면서 따뜻한 미소를 보낸다.
8. 행복하소서~ 건강하소서~ 평화로우소서~ 라고 계속 기원한다.

완벽하면 타인이 만족한다

우리는 너무 완벽한 사람을 만나면 피곤하다. 완벽한 사람 중에는 열쇠 잠금장치를 확인하고 또 확인하거나, 간호할 때도 밤새워 해야 직성이 풀리고, 낚시를 가서도 호수 속에 있는 물고기를 다 낚아야 만족할 것처럼 전투적으로 열심히 하는 사람이 있다. 새벽 2시쯤 애인이 전화를 걸어 '나 사랑해?'라고 물으면서 확인하고 또 확인한다면 당신의 표정은 어떻게 변할까?

남편을 완벽한 남편으로 만들기 위해 매일 투쟁하는, 내 후배의 부인이 있었다. 후배인 남편이 고생 꽤나 하겠구나 싶어 간단하게 버릇을 차단할 수 있도록 문제를 내주었다. 우선 그 부인에게 매일 남편에게 요구하는 사항을 세 가지 적게 한 다음, 내가 그 밑에 '이런 것은 다 나의 욕심일 뿐입니다.'라고 적어 주었다. 그러고 나서 적은 것을 음미하게 했더니 한참 동안 머리를 끄떡끄떡했다.

완벽주의자인 상관을 만나면 괴롭다. 예전에 작은 실패나 실수를 절대로 용납하지 않는 완벽주의자 상관을 모신 적이 있었다. 결재할 때 잘못된 글자나 받침을 꼭 하나 발견해야 만족하는 분이었다. 그래서 그분의 결재를 받으러 갈 때는 일부러 한 글자를 꼭 틀리게 해놓고 결재를 받으러 가곤 했다. 그러면 결재도 빨라지고 상관은 만족하고, 누이 좋고 매부 좋은 일이었다. 어느 날 술좌석에서 사실은 한 글자를 틀리게 해놓고 간다고 했더니 그 상관은 말없이 웃기만 하셨다. 그리고 그 버릇은 없어졌다. 상관이 너무 완벽하면 직원들은 침묵하게 마련이다. 특히 회의할 때 지적을 당할까 봐 침묵한다. 결과적으로 그 회의에서는 좋은 정보를 얻을 수가 없다.

완벽성은 어떻게 만들어졌을까? 완벽성의 심리적 메커니즘의 한 단면을 살펴보자.

우리는 어렸을 때부터 부모님으로부터 '착한 사람이 되라'는 소리를 많이 듣고 자랐다. 아빠가 조용한 것을 좋아하면 아이는 항상 아빠 앞에 가서는 조용히 한다. 엄마가 웃는 모습을 좋아하면 아이는 엄마 앞에서는 방긋방긋 웃는다. 엄마가 속상한 일이 있어 얼굴을 찡그리고 있어도 아이는 엄마 앞에서 방긋방긋 웃는다. 이렇게 우리는 어렸을 때부터 부모의 사랑을 얻기 위해 자신도 모르게 애써 왔다.

성장한 후에도 타인에게 착한 사람으로 보이기 위해 많은 노력을 하고 있는 것은, 어렸을 때 착하게 굴면서 부모의 사랑을 얻기 위해 애썼던 것을 지금 되풀이하고 있다고 봐야 한다. 변하지 않으면 계속 타인의 사랑을 구걸하기 위해 애쓴다. 결국 완벽해지려는 것은 타인을 만족시킴으로써 자기 자신을 만족시키려는 무의식적인 노력이다.

아무리 시간이 많이 걸리고 어렵더라도 완벽성을 고쳐야 자기 자신은 물론이고 주위 사람도 편해질 수 있다. 세상에는 완벽한 사람이 없다. 세상에는 완벽한 애인도 없고 완벽한 친구도 없다. 완벽한 부인이나 남편도 없다.

마음속으로 가장 뛰어난 동료나 친구를 한 명 생각하면서 그 사람의 뛰어난 점을 적다 보면 아무리 뛰어난 동료나 친구일지라도 모든 면에서 뛰어날 수는 없으며 사람은 저마다 나름대로 단점을 가졌다는 사실을 깨닫는다.

어떤 사람은 완벽성이 심하고, 어떤 사람은 그것이 약하나, 누구나 다 조금씩은 완벽성을 가지고 있다. 완벽성은 자신을 괴롭히고 주변 사람을 괴롭힌다. 완벽성으로부터 탈출을 하면 그만큼 나 자신과 주변 사람의 마음이 편해진다. 완벽성을 탈피하기 위해서는 우선 완벽해지려고 하는 마음은 잘못된 것이라고 생각해야 되고, 기본적으로 타인을 즐겁게 하려는 것은 커다란 잘못이라는 점을 깨달아야 한다.

항상 감사하고 주어진 현실에 만족하며 완벽성에 매달리지 않는다면 훨씬 마음이 여유로워지고 가벼워진다. 또한 어떤 목표든 기준을 조금 낮춰 100%를 목표로 삼지 말고 80% 정도로 낮추면 자기 자신을 무시하지 않게 된다.

잘한 일

완벽성은 자신의 부족한 점에 집중하는 버릇이 있기 때문에 잠자리에
들기 전에 오늘 잘한 일을 적으면 도움이 된다.

• 오늘(또는 어제) 잘한 일 5가지를 적어보시기 바랍니다.

_____

_____

_____

_____

_____

_____

4 | 행복한 사람은 인생의 의미를 추구한다

우리 인생은 우리가 살아가면서 어떤 의미를 추구하느냐에 따라 달라진다. 우리가 원하는 것은 평화로운 마음을 가지고 즐겁게 인생을 살아가는 것이다. 이때 돈이나 늙음과 같은 주요 가치 개념도 바로 잡아가면서 '지금 여기'를 살아가는 모습이 참다운 삶일 것이다. 우리 마음속에 있는 선배나 은사가 우리에게 사랑을 뿌렸듯이 우리도 주변 사람에게 사랑을 뿌리면서 살아가는 모습이 최선의 삶이라고 할 수 있다.

의미중심의 삶의 자세

선각자들은 인생의 의미에 대해서 다음과 같이 말했다.

영국의 유명한 물리학자이고 수학자인 로저 펜로즈(Roger Penrose)는 "사람이란, 이 세상에 태어나면서부터 자기 자신에게 주어진 백지(tabula rosa)에 때로는 용감하게 때로는 결사적으로 '의미'를 새겨 넣으려고 노력하는 존재이다."라고 말했다.

심리학자 브르노 베텔하임(Bruno Bettelheim)은 "만일 우리가 단지 순간순간 살아가는 존재가 아니라 진정으로 우리가 어떤 존재인가를 의식하면서 살아가기를 희망한다면, 우리의 욕구와 성취가 바로 인생의 의미 발견이다."라고 말했다.

철학자 니체(Friedrich Wilhelm Nitzsche)도 "무엇을 위하여 살아야 하는지 그 이유를 아는 사람은 살아가는 방법을 거의 다 알고 있는 사람이다."라고 말했다.

프랑스의 철학자인 피에르 상소(Pierre Sansot)는 "음미되지 않은 삶은 가치가 없다."라고 주장했다. 이처럼 선각자들은 한결같이, 인간은 의미를 찾으면서 살아가는 존재라고 하면서 의미를 강조한다.

의미론의 창시자인 빅터 프랭클(Viktor Emile Fankl)은 의미를 찾으면서 살아가되 인생에 어떤 의미를 부여하느냐에 따라 인생이 달라질 수 있다고 주장하면서 의미를 강조했다. 그는 아우슈비츠 수용소에 있을 때 크리스마스가 다가오면 사망자의 숫자가 줄어들었다가 크리스마스가 끝난 뒤 급격히 증가하는 현상을 보고 크리스마스에 대한 특별한 의미 부여가 그런 현상을 만든 것이라고 생각했다. 그는 인간이 의미를 충족시키겠다는 마음이 좌절되었을 때는 쾌락을 지향하거나 권력에 만족하려 한다고 주장했다.

프랑스에 머무르고 있는 영화배우 윤정희는 많은 사람으로부터 사랑을 받는 미모의 여배우였다. 그러나 지금은 나이를 많이 먹어, 세월은 어쩔 수 없는 듯 얼굴에 주름이 졌다. 어떤 인터뷰에서 기자가 짓궂게 카메라를 얼굴 가까이 클로즈업시키면서 "나이를 먹는 소감이 어떠냐?"라고 질문을 했다. 윤정희는 "나이를 먹음에 따라 느끼지 못하던 것을 느끼게 되고 과거에 생각하지 못하던 것을 생각하게 되더라."라고 대답했다. 윤정희는 배우라는 직업을 통해서 자기완성의 길로 가고 있음을 알 수 있었다.

공장에서 묵묵히 조립 일을 몇십 년 해온 사람이 자기 자식에게 공장 구경을 시켜주면서, 아빠가 하는 일을 자세하게 설명했다. 과장되지도 않고 그렇다고 과소평가하는 것도 없이 아들에게 말해주었다. 이들에게는 '사랑'이 있었다. 아버지가 바라는 것은 오직 자식이 건강하고 정직하게 자라는 것이었다.

사람들은 담당 직무가 아무리 작고 보잘것없어도 스스로가 추구하는 인생의 의미는 아무에게도 양보하지 않는다. 생산직 사원에서부터 사장에 이르기까지 조직원 모두가 인생의 의미를 추구하면서 조직생활을 한다는 사실을 망각하지 않는 것이 중요하다. 따라서 리더는 직원들이 무엇을 추구하고, 어떤 점에 가치와 의미를 두고 있는지 파악해야 한다.

의미중심의 삶의 자세로 세상을 살아가기 위해서는, '10년 뒤에는 어떤 삶의 자세와 모습으로 살아갈까?' 하고 생각했을 때 느낀 점을 오늘의 삶에 적용시켜 오늘 하루의 사소한 일을 하면서도, 10년 뒤를 생각하는 삶의 자세를 지녀야 한다. 바로 의미중심의 삶의 태도를 간직하면서 살아가는 것이다. 이런 사람이 행복한 삶을 살 수 있다.

의미중심의 삶을 살자

● 10년 뒤에는 어떤 삶의 자세, 태도로 살고 싶은지 써보시기 바랍니다.

_____

_____

_____

● 오늘은 어떻게 살 것인지 써보시기 바랍니다.

_____

_____

_____

_____

● 오늘 사소한 일을 할 때 10년 뒤 삶의 자세를 적용시키면 어떤 마음가
짐이 될지 생각하며 의미중심의 삶의 자세를 적어주시기 바랍니다.

_____

_____

_____

_____

_____

_____

_____

돈이란 무엇인가?

어렸을 때에 부모님들은 돈에 대해서 뭐라고 말씀하셨을까? 그것이 현재 나에게 어떤 영향을 미치고 있을까? 수정할 필요는 없을까?

어렸을 때 돈에 대한 가치 개념이 잘못 형성되어 있으면 평생 고생한다. 그러므로 필요하다면 돈에 대한 가치 개념은 각본을 고쳐 쓰듯 고쳐 써야 한다.

서머셋 모옴(S. Maugham)은 "돈을 싫어하는 사람이야말로 나는 신뢰할 수 없다. 그들은 위선자이거나 바보다."라고 말했다.

지갑에 만 원짜리 지폐의 세종대왕상을 위로 하여 가지런히 정리하여 넣어두는 사람을 보았다. 돈을 사랑하는 사람이었다. 그런 사람에게 돈이 붙는다. 돈을 증오하거나 싫어하는 사람은 돈이 붙지 않는다. 돈을 찢어버린 사람, 술집 등에서 돈을 뿌리고 다닌 사람, 돈 많은 놈은 나쁜 놈이라거나, 부자는 다 사기꾼이라고 하는 사람들은 모두 돈이 피해 간다.

그러나 돈이면 무엇이든 할 수 있다고 믿는 사회풍토는 곤란하다. 돈 가지고 안 되는 것도 많다. 돈 가지고 안 되는 것이 뭐가 있을까? 사랑도 살 수 없고, 우정도 살 수 없고, 희망도 살 수 없다.

우리나라의 중산층 조건은 2,000cc 이상의 승용차, 현금 1억 원, 30평형대 아파트, 월급 500만 원 등 주로 돈으로 이루어진 반면, 프랑스의 퐁피두 대통령이 밝힌 프랑스 중산층의 조건은 외국어 하나, 악기 하나,

사딩힐 민힌 요리법, 날우 돎늑 봉사활동 등으로 구성되어 우리의 중산층 개념과 비교가 안 된다.

돈이란 무엇인가? 돈에 대한 가치 개념은 한번쯤 정비할 필요가 있다. 돈에 어떤 의미 부여를 하고 있는지 다시 정리하고, 돈 없이 살아볼 필요도 있다.

돈에 대한 우리나라 속담을 보면 옛날 사람들의 가치 개념을 엿볼 수 있다. '돈이 있으면 금수강산, 돈이 없으면 적막강산', '돈만 있으면 개도 흉한 짓을 한다', '돈이라면 호랑이 눈썹이라도 빼 온다', '돈은 더럽게 벌어도 깨끗이 쓰면 된다', '돈은 있다가도 없어지고 없다가도 생기는 법이라', '돈 모아 줄 생각 말고 자식 글 가르쳐라'라는 말이 있다. 『명심보감』에는 '사람의 의리는 가난에 따라 끊어지고 세상의 인정은 돈 있는 집으로 쏠린다.'라는 말이 있다. 옛날이나 지금이나 돈이 좋기는 좋은가 보다. 물론 돈보다 더 좋은 것도 있다.

자식을 부자로 만들고 싶으면 어릴 때부터 금전교육을 철저하게 가르치고 돈에 대한 가치관을 올바르게 형성시켜줘야 한다.

영국에서 서울로 오는 비행기를 탈 때, 생전 처음 친구 덕에 일등석을 타본 경험이 있다. 편하고 쾌적하고 서비스가 좋았다. 거기에는 평범한 자본주의 논리만이 존재한다. 나이가 많다고 일등석을 타는 것도 아니고 사장 빽이 있다고 일등석을 타는 것도 아니고 어디가 아프다고 일등석을 타는 것도 아니다. 오로지 돈을 더 낸 사람은 일등석이고 돈을 적게 낸 사람은 일반석이다.

좋은 회사란 연구개발이나 교육에 투자를 많이 하는 회사다. 마찬가지로 만약에 부자가 아니라면, 투자할 대상은 주식도 아니고 부동산도 아니다. 훗날을 위해 우선 도둑맞을 염려 없는 지식을 머릿속에 많이 넣어야 한다. 후배들에게 항상 하는 말이 있다.

<u>"돈 없고 빽 없으면, 머릿속이라도 많이 처넣어야 된다!"</u>

돈에 대한 가치 개념은?

● 부모님은 어렸을 때 돈에 대하여 뭐라고 (반복) 말씀하셨습니까?

_____

_____

● 그것이 현재 나에게 어떤 영향을 미치고 있습니까?

_____

_____

● 필요하다면 돈에 대한 가치 개념을 각본을 고쳐 쓰듯 고쳐봅시다.

_____

_____

_____

늙음에 대한 편견이 남은 인생을 좌우한다

예나 지금이나 노인에 대한 편견은 비슷하다. 노인에 대한 연구 중에서 가장 오래된 것은 키케로(Marcus Tullius Cicero, 기원전 106~43년, 로마의 정치가, 철학자)의 연구이다. 그는 노년에 대한 편견을 네 가지로 기술했다. 즉 노년에는 큰일을 할 수 없고, 노년에는 몸이 쇠약해지고, 노년은 거의 모든 쾌락을 앗아가고, 노년이 되면 죽을 날이 머지않았다는 것이다. 키케로는 이 네 가지 편견을 조목조목 반박한 것으로 유명하다.

우리가 제일 두려워하는 치매라는 것도 64세 이상 노인 중 90%는 자신이 치매에 걸릴 가능성이 있다고 생각하나, 의학적 통계에 의하면 겨우 4%만 심각한 치매에 걸린다고 한다. 문제는 노인이 이런 두려움을 가지면 매사에 소극적이 되고 의욕이 없어진다는 점이다.

최근에 발표된 미국 하버드대학의 랑거(Ellen J. Langer) 교수의 연구는 우리에게 정신건강의 중요성을 시사한다. 그는 인생 후반에 우리 몸과 정신에 일어나는 모든 일을 노화의 결과로 받아들이는 부정적 선입견을 바꿔 건강을 향상시키는 실험을 하였다. 그 결과 우리의 몸은 정신에 영향을 받는다는 것을 다시 한 번 입증하였다.

랑거 교수는 75세 이상 80세 사이의 노인을 20년 전의 상황으로 몰고 갔다. 신문, 라디오, 영화도 20년 전의 것을 제공해주었고 20년 전에 유행했던 노래와 광고들이 흘러나오게 했다. 또한, 20년 전의 몸 상태와 마음 상태로 생활하도록 했다.

실험이 끝난 뒤 참가자들은 긍정적인 변화를 보여주었다. 얼굴도 3년 정도 젊게 보였고, 식욕도 왕성해졌으며, 성격도 사교적으로 바뀌었으며 감정표현도 잘했다. 노인에 대한 고정관념과 의존성도 줄어들었다. 결과적으로 젊은 마음이 깃들면 몸도 젊어진다는 것을 다시 증명했다. 역시 마음이 청춘이면 몸도 청춘이다. EBS 〈황혼의 반란〉이라는 프로그램에서 이와 유사한 실험을 하여 시청자들에게 감동을 준 바 있다.

1970년대 이전의 의학 서적에는 뇌세포가 죽으면 영원히 재생이 안 되는 것으로 기록되어 있었으나, 지금은 문제를 풀거나 머리를 쓸 때 뇌세포도 다른 세포들처럼 재생이 된다는 것이 밝혀졌다. 따라서 머리가 나빠졌다고 걱정하지 말고 뇌를 훈련시켜야 한다. 매일 일기를 쓰고, 문제 풀기를 하고, 책을 읽고, 30분 이상 걷고, 비타민 E가 함유된 견과류 등을 먹어야 한다. 뇌를 맑게 유지하기 위해서는 10분 이상 명상을 하는 것도 도움이 된다. 지금은 70대에도 왕성하게 활동하는 사람이 많아졌고 80대나 90대에도 활동하는 사람이 늘어나고 있다.

벨기에 연구팀은 30대부터 행복의 정도가 점차 낮아지다가 40대에 최저점을 찍고 40대 이후는 다시 상승해 행복한 날만 남아 있다는 연구 보고서를 내놓았다. 몸이 나빠졌다고 머리가 나빠졌다고 걱정만 하지 말고, 나쁜 습관을 바꾸고 운동하면 된다.

98세의 나이에 『약해지지 마』라는 시집을 출판해서 초베스트셀러가 된 할머니 시인 시바타 도요는 "어떤 도전이나 뜨거운 열정도 나이 때문에 포기해야 할 이유가 전혀 없다."라고 강조했다.

만약 12시간 후에 죽는다면

'자기 성장 과정'이나 '인간관계 훈련과정'과 같은 프로그램에서는 대개 말미에 '미래의 나'라는 프로그램을 넣어 마무리를 인상 깊게 했다. '내가 만약 12시간 후에 죽는다면, 무엇을 어떻게 하겠느냐?'라고 묻고 마음속에 떠오르는 생각을 적게 하는 프로그램이었다.

교육생들 중에 생각을 적기 전에 다소 멍하니 앉아 있는 사람도 있고, 얼굴이 하얗게 변하는 사람도 있고, '나는 안 죽어', '내가 왜 죽어' 하면서 저항하기도 하고, 불안해서 비실비실 웃는 사람도 있으나, 바로 과정에 몰두하면서 적기 시작한다.

다 적은 것이 확인되면 전원을 발표시킨다. 이때부터 인생 교육의 멋진 장면이 연출된다. 교육생 전원이 발표하면서 서로서로 영향을 받는다. 많은 사람이 입술을 떨면서 발표한다. 그중에는 우는 사람도 있다.

그동안 엄청나게 많은 사람들이 이 교육을 받았다. 생산직 사원, 임원은 물론이고 신입사원, 여사원, 일반 사무직 사원, 간부 사원, 나이도 10대부터 60대까지 다양했다. 기업은 물론이고 공무원들까지도 이 교육을 받았다.

발표 소감을 들어보면 계층별, 시대별로도 세태를 반영하듯 미묘한 차이가 있음을 알 수 있었다. 불효에 대해서 용서를 빈다는 사람들과, 잡다한 물건을 정리하고 몸을 깨끗하게 하고, 그동안 연락 못 한 사람에게 안부를 전하고, 재산을 정리해서 아이들에게 나누어 주고 가겠다는 사람들이 많았다.

제일 박수를 많이 받은 교육생은 전세 살고 있는 돈을 빼내 자기보다 더 가난한 사람에게 나누어 주고, 자기 몸뚱이는 대학교에 기증을 하고, 자식들에게는 꿋꿋하게 잘 살라는 한마디를 남기고 죽겠다는 사람이었다. 조소를 많이 받았던 사람은 은행을 털겠다는 사람과 죽기 전에 보험에 들겠다는 사람이었다. 제일 멋있게 느껴졌던 사람은 회사의 잔무를 다 마무리하고, 남는 시간이 있다면 읽다만 책을 읽으면서 조용히 생을 마무리하겠다는 사람이었다. 또한, 제일 안타까웠던 경우는 그동안 일이 너무 바빠 아이를 데리고 어린이 대공원 한 번 못 가봤다는 사람이었다. 아내를 마지막으로 품에 안아 보겠다는 사람도 있었으며, 교회에 착실하게 다니는 사람은 할렐루야를 찾았고, 부모님이 돌아가신 사람들은 죽기 전에 꼭 성묘를 다녀오겠다고 했다. 60대 교육생 한 분이 다음 교육이 안될 정도로 너무나 심각하게 받아들여 난처한 적도 있었다.

누구나 죽음 앞에서는 인생이 후회스럽기 마련이다. 어떤 위대한 목사가 인생을 제일 알차고 후회 없이 의미 있게 살고 싶다면, 매일 '12시간 후에 죽는다면'하고 마음속에 떠오르는 생각들을 실천에 옮기라고 말했다. 인생은 그렇게 거창하지가 않다. 마지막으로 사람들이 하는 것은 주변 사람들에게 사랑을 뿌리고 가는 것이었다.

자기
성장
훈련

죽음

- 당신이 만일 12시간 후에 죽는다면 어떻게 할 것인지 잠시 시간을 내어 생각을 적어봅시다.

제3장

관계의 변화

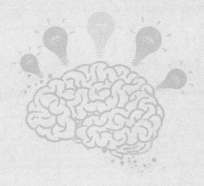

관계의 확장은 있는 그대로 판단 없이 스스로 나와 상대를 인정하며 만들어 가는 것이다.

1 │ 만나고 싶은 사람이 된다

우리의 만남은 실로 다양한 형태로 이루어진다. 친구와의 만남에서부터 조직에서의 만남, 윗사람과의 만남, 여자 친구와의 만남, 후배들과의 만남, 외국인과의 만남에 이르기까지 매우 다양하다. 편한 자리도 있고 불편한 자리도 있다. 하루에 몇 명부터 수십 명 혹은 수백 명을 만날 때도 있다. 어떤 만남이든 사전에 미리 준비를 하고 만나면 사람들은 또 만나고 싶어 한다.

사람들과 교류할 때는 되도록 긍정적인 사람과 교류하고, 상대에게 신뢰를 주면서, 처음 만나는 사람과 빨리 사귈 수 있는 방법을 터득하고 긍정적인 스트로크(반응)를 주면 상대가 또 만나고 싶어 하는 사람이 된다.

만나고 헤어질 때 주의할 사항

첫째, 우선 만날 때는 상대에게 좋은 인상을 남겨야 하는데, '차갑다, 딱딱하다'와 같은 부정적인 정서가 담긴 인상을 남기지 않도록 노력해야 한다. 아무리 유능하고, 적극적이더라도 부정적인 정서가 느껴지면 나쁜 인상으로 남기 때문이다.

둘째, 사람들과 처음 대면할 때 침묵하는 시간이 없도록 가벼운 이야기를 준비하는 것이 필요하다. 날씨 이야기를 하든, 건강 이야기를 하든 공통적인 관심사를 이야기하는 것이 중요하다. 최근에 일어난 뉴스도 좋고, 여행, 낚시, 등산 등 취미, 의식주에 관한 이야기를 하면 누구나 좋아한다. 상대가 누구인지 알려고 노력하고 경청하면서 상대에게 관심을 표해야 한다.

셋째, 만났다가 헤어질 때는 깊은 인상을 남기는 것이 좋다. 첫인상도 중요하지만 마지막 인상은 반드시 남기 때문이다. 다니엘 카네만(Daniel Kahneman)의 '절정과 종결의 법칙'(Peak and Rule)에 의하면 우리의 뇌는 어떤 사건에 대한 만족도에서 그것을 경험한 절정기와 종결기의 두 가지 척도로 계산한다고 한다. 우리의 뇌는 절정기에 뒤이어 끝마무리가 빠를수록 해당 사건을 전체적으로 더 멋있게 기억한다는 주장이다. 데이트할 때 여러 곳을 전전하기보다는 한 곳이라도 마음에 드는 데를 들렀다가, 헤어지면서 좋은 인상을 심어주는 것이 다음 데이트 신청에 도움이 된다. 강의도 마지막 10분이 멋져야 이 강의가 좋다고 남들에게 입소문을 낸다. 이 법칙은 아름다운 기억을 남기고 싶은 사람들이 유념해야 할 이론이다.

넷째, 헤어진 다음 대부분의 사람들은 금방 잊어버리지만 무언가 후속 조치를 취하기 위해 노력하는 사람은 더욱 깊은 인상을 남기게 되고 그만큼 만나고 싶은 사람이 된다. 감사하다고 이메일이나 문자를 보내는 것도 좋고, 몇 마디 감사의 말을 적은 편지를 보내도 좋다.

이렇게 만나기 전과 만나면서 그리고 만나고 난 뒤까지 세심하게 준비를 하면 사람들은 좋은 인상을 받아 또 만나고 싶어 한다.

사람들과 교류할 때는 되도록 긍정적인 사람과 교류한다. 행복한 친구가 한 명 추가되면 행복해질 확률이 9%가 증가하고 부정적인 친구가 한 명 추가되면 행복해질 확률이 7%씩 감소한다는 연구도 있다. 이렇게 행복은 전염되기 때문에 가능하면 주변에 항상 긍정적이고 행복한 사람과 교류하는 것이 좋다.

우리가 부정적인 사람 옆에 있을 때 다소 거북해지는 이유는 정신적인 에너지 때문이다. 부정적인 사람 즉 불평이 심하거나, 항상 반대만 하는 사람, 자기 생각만 하는 사람, 겁을 내는 사람을 만나면 정신적인 에너지가 축소된다. 반대로 긍정적이고 행복한 사람을 만나면 정신적인 에너지가 확대된다.

어쩔 수 없이 부정적인 사람과 만날 때는 상대의 불안에 동요되어서도 안 되고, 상대를 구해주려고 노력하지도 말고, 상대를 바꾸려고 노력해서도 안 되고, 오직 시선을 부드럽게 하는 것이 좋다.

다가가기 쉬운 사람이 된다

사람들을 처음 만나면 대화하기가 어렵다. 상대를 믿을 수 없고 서로 가치관이 다르고 추구하는 목표도 다르기 때문에 자기 자신을 쉽게 노출하지 않으려고 한다.

근무시간 중의 접촉은 주로 공식적인 접촉이기 때문에 사람들은 자기 노출을 대단히 자제한다. 그러나 회식자리나 몇 명이 우연히 만나는 비공식적인 자리에서는 개인 노출이 증가하여 서로 간에 이해의 폭을 넓힐 수 있다.

그렇다면 친숙한 의사소통을 가능하게 하기 위해, 쉽게 다가가는 방법은 무엇인가? 여기에 사용되는 쉬운 방법 중 하나는 가족이나 취미에 대한 정보를 상대방에게 아주 자연스럽게 노출하는 것이다.

강사나 회의 참가자들을 소개할 때, 가장 효과적인 방법 중 하나는 경직된 공식상의 정보보다 당사자를 이해하는 데 도움이 되는 개인적인 정보를 제공하는 것이다. 이것은 결국 커뮤니케이션을 촉진시키는 촉매 구실을 한다.

강의를 시작하기 전 교육담당자가 강사를 소개할 때 교육생들에게 훌륭한 강사를 모셨다는 것을 알리고 싶으면, 최근의 활동 상황을 자세하게 알려 주는 것이 좋고, 상대방에게 친숙하게 다가가도록 하기 위해서는 "일요일은 등산을 하고 노래방은 싫어하고……." 이런 식으로 소개하는 것이 좋을 것 같다.

인간이란 스스로 내어 보이기 전에는 알 길이 없다. 진정한 자기 노출을 하지 않고는 우리는 상호 간에 이해할 수 없기 때문에 참된 의미의 만남을 경험할 수 없다.

우리 등산팀은 6명이다. 군 시절부터 알고 지낸 친구들이기 때문에 각별하게 친하다. 그런데 새로운 멤버가 한 명 들어왔다. 처음에는 서로 서먹서먹했는데 그 친구가 노련하게 자기를 노출하기 시작했다. 아들에 관한 문제를 이야기하기 시작했다. 친구들은 이야기를 다 듣자 바로 여기저기서 문제 해결을 위한 충고를 하기 시작했다. 그 친구와는 가깝게 느껴지기 시작했다.

다음 등산 때도 그랬다. 두 번째 노출로 이 친구는 사람들과 더욱 가까워졌다. 나는 가까이 가서 웃으면서 어디서 이런 기법을 배웠느냐고 물어봤다. 우리 둘은 환하게 웃었다.

여자와의 만남에 있어서도, 세일즈맨이 영업을 할 때에도, 자기 노출 기법에 능숙한 사람들이 사람을 잘 사귀고 빨리 친해진다. 자기 노출은 건전한 인격의 표징이기도 하다. 내가 상대를 알면 알수록, 상대가 나를 알면 알수록 우리의 커뮤니케이션은 더 효율적으로 된다.

고민 노출을 활용한다

혼자만 간직한 마음의 상처라고 생각했는데, 막상 고민을 노출해 보면 의외로 주변에 비슷한 고민을 하는 사람이 많음을 깨달으며 허망할 때가 있다. 오히려 마음의 상처를 숨기느라고 마음속에 꼭꼭 숨겨둔 것이 어리석었다고 느껴진다. 마음의 상처를 꼭꼭 묶어 마음의 감옥을 만들면 오히려 더 아프기만 하다. 노출을 하면 마음이 시원하고 후련함을 느끼고 노출하여 햇빛을 받으면 마음의 상처도 아물게 된다.

교육 중에 고민을 노출시켜 보면 계층마다 나이마다 조금씩 다르기는 하나, 사람이 사는 세상이라 거의 고민이 비슷하다. 나이가 지긋한

임원급은 겉으로는 고민이 없는 것 같이 보이나 노출을 시켜보면 부인이 돈을 불리기 위하여 부동산 투자를 하다가 돈을 날린 이야기며, 아이의 학교문제, 건강문제 등을 많이 이야기한다. 그 밖에 집안에 불교 신자와 기독교 신자가 충돌한 이야기, 고부간의 갈등 등도 빼놓지 않고 나온다.

여직원들은 연인 문제가 많이 나왔다. 남자가 더 깊은 관계를 요구하는데 어떻게 해야 할지 고민하는 여자, 사귀던 남자가 도망간 이야기 등을 들을 수 있었다.

반장급 교육에서는 의외로 춤바람 난 아내 이야기, 사원아파트에 살기 때문에 일어나는 동료 부인과의 불편한 관계 등이 눈에 띄었다.

생산직 사원은 성격상의 문제나 학교 진학 문제가 많았다.

사람들은 왜 술을 먹을까? 인간관계를 돈독히 하기 위하여 먹는다고 한다. 허심탄회하게 이야기하고 싶어서, 마음속의 스트레스를 풀고 싶어서 등 좀 더 많은 깊은 이야기를 하고 싶어서 술을 먹는다고 한다. 말하자면 술에 취한 상태에서 마음을 열고 나에게 다가오게끔 만들고 위로받고 싶다는 이야기다.

그렇다면 술을 먹지 않고 차만 한 잔 마시면서 이런 상태를 만들 수는 없을까? 그 방법은 자기의 고민을 노출하는 데 있다. 연인 간의 만남이란 것도 친밀한 관계를 발전시키기 위하여, '상대방을 알고, 나를 알리는 과정'이다.

상사와의 신뢰관계도 마음을 여는 정도에 달려있다. 사람들은 마음의 벽 속에 숨겨 놓은 것을 이야기하고 싶어 하고, 자신의 고통을 위로받고 싶어 한다. 진실을 이야기하면 오랫동안 내부에 숨어 있어서 완치

되지 않았던 상처들이 치유된다.

　우리가 마음의 감옥으로부터 탈출할 수 있는 유일한 방법은 우리가 무엇을 했는지, 무엇을 느끼고, 생각했는지 솔직하게 이야기하는 것이다. 고민 노출은 상대에게 신뢰와 사랑을 준다. 노출도 기술이다. 여기에서 기술이란 사용하면 사용할수록 발전한다는 의미이다.

고민 노출하기

고민을 적은 다음 한 달 후에 다시 보거나 주변의 가까운 사람에게 발표를 해본다. 이때 상대의 반응을 살핀다. 내가 어렵게 적은 고민을 용감하게 타인에게 이야기하다 보면 나와 유사한 경험을 한 사람이 의외로 많다는 사실을 알게 된다. 숨겨온 고민이 숨길 필요가 없는 고민이 되는 순간 마음은 홀가분해진다. 동시에 상대에게 신뢰와 사랑을 줄 수 있다.

● 당신의 고민을 적어보시기 바랍니다.

_____

_____

_____

_____

_____

겸손하면 만인의 호의를 얻는다

열등감의 반대는 우월감이다. 우월감을 내세우는 사람의 마음속에는 대개 열등감이 숨어 있다. 우월감은 자만심을 초래하는데 자만의 반대는 겸손이다. 겸손한 사람은 우월감도 열등감도 극복한 사람이다. 겸손하면 허세 부리지 않아도 되고 감동을 주기 위해 애쓰지 않아도 된다. 겸손하면 남들 위에 올라가려고 기를 쓰지 않아도 된다. 상대를 비판해서 끌어내리려고 하지 않아도 된다.

겸손은 최상의 덕목이다. 세상에서 겸손을 연마하는 것이 제일 어려운 일 같다. 겸손한 사람을 만나면 저절로 머리가 숙여진다.

한번은 목사의 설교가 끝난 다음 설교의 내용이 멋있어서 어디서 그렇게 심리학 공부를 많이 했느냐고 물어보니까, 그냥 어깨너머로 배운 것이라고 겸손하게 말했다. 그 후로 그 목사가 좋아졌다. 내 주변의 후배들을 만나면 겸손한 사람을 만난 적이 있느냐고 물어본다. 그리고 어떤 사람이고 어떻게 겸손한지를 물어본다. 겸손한 사람은 세상에서 가장 훌륭한 사람이다.

노자는 겸손한 지도자가 나라를 부강하게 할 수 있다고 믿었다. 23전 23승의 이순신 장군은 자만심을 특히 경계했다. 세계적인 기업을 이룩한 삼성의 이건희 회장도 항상 자만심을 경계했다.

겸손한 사람이 되려면 본질적으로 두 가지 차원의 문제를 극복해야 한다. 하나는 오랜 세월 동안 남들로부터 인정과 사랑을 받지 못해서 문제가 된 경우이고, 또 하나는 항상 타인을 의식하기 때문에 주위의 평판에 너무 예민해져 문제가 된 경우이다.

남들로부터 인정과 사랑을 받지 못해서 문제가 된 경우는, 어제 한 일 중 잘한 일을 적어도 세 개 이상 매일 작성하고 항상 타인에게 감사하는 마음가짐이 필요하며, 남을 의식하여 주위 평판에 예민해져 문제가 된 사람은 칭찬이나 존경을 생각하지 말고, 하는 일에 집중하면서 자기 기준에 충실해야 된다.

겸손

● 주변에 겸손한 사람을 찾아보고, 그 사람의 언어와 행동의 특징을 적

어보시기 바랍니다.

_____

_____

_____

_____

_____

_____

_____

멋있는 사람은 스트로크 헝거에 예민하다

스트로크(Stroke)는 위로해주고 애무해준다는 의미인 '위무(慰撫)' 라고도 하고 '존재인지'라고도 한다. 인정, 칭찬, 꾸중을 하거나, 윙크를 하거나 쓰다듬거나 때리는 것 모두가 스트로크이다. 입만 벙긋하면 말과 동시에 스트로크가 튀어 나간다. 스트로크에는 정신적인 스트로크, 신체적인 스트로크와 긍정적인 스트로크, 부정적인 스트로크로 등 여러 가지로 나눌 수 있다. '당신 최고!'라고 말하면 정신적으로 긍정적인 스트로크가 되고 쓰다듬거나 때리는 것은 신체적인 스트로크가 된다. 상대에게 어떤 긍정적 또는 부정적 스트로크(예, 칭찬 또는 꾸중)를 기대했는데 상대가 스트로크를 주지 않으면 스트로크 헝거(Stroke hunger)에 빠진다.

유아기에 부모로부터 받은 신체적인 스트로크에 대한 욕구는 성장 후에 정신적인 스트로크에 대한 욕구로 이행한다. 우리가 하루 세끼의 식사가 필요하듯 스트로크도 필수불가결한 것이다. 스트로크는 정신적인 자양분이다. 고양이나 개를 쓰다듬으면 좋아한다. 마찬가지로 인간도 스트로크를 좋아하며 스트로크 없이는 살아갈 수 없다.

1박 2일 또는 2박 3일 합숙교육을 받을 때 집에 전화를 하지 않으면 어떻게 될까? 부인은 집에서 전화를 무척 기다리고 있을 것이다. 전화를 기다리다가 전화가 오지 않으면, 결국 낙담을 하게 될 것이고, 이런 현상이 계속 쌓이다 보면, 부인의 얼굴은 시들시들해진다.

어느 아파트의 엘리베이터에서 계속 지린내가 나서 방뇨로 생각하고 범인을 잡고 보니 어린아이였다고 한다. 한 번 주의를 주었으나 다음에도 지린내가 나서 범인을 잡고 보니 역시 그 어린아이였다고 한다. 이런 현상을 어떻게 이해해야 될까?

　어느 회사에 입사한 지 2개월 된 신입사원이 어느 날 갑자기 없어졌다. 갈만한 부서에 다 연락을 해보았으나 찾지 못하였다. 경비원에게도 연락을 해보았으나 나가지 않았다고 한다. 한 3시간 정도 지나서 그 신입사원이 나타났다. 동료들이 어디 갔다 왔느냐고 물으니까 그는 태연하게 "화장실에 갔다 왔어."라고 말했다 한다. 이런 현상을 어떻게 이해해야 할까?

　Stroke Hunger로 이해해야 될 것 같다. 즉, 스트로크 기아이다. 다시 말하면, 스트로크가 부족하다는 의미이다. 스트로크를 기대했는데 상대가 주지 않으면 스트로크 헝거가 된다. 밤늦도록 열심히 일을 해서 지시 받은 사항을 다 해놓았는데 상사는 수고했다는 말 한마디 없이 그냥 책상 위에 놓고 가라고 한다. 스트로크 헝거에 빠진다. 사람은 스트로크의 교환이 부족하면, 마치 배가 고파 견딜 수 없게 되는 것과 마찬가지로 스트로크 헝거에 빠져버린다.

　어린아이가 눈을 심하게 깜빡거려 동네의 안과 의사에게 진찰을 받았으나 별 이상이 없다고 한다. 혹시나 해서 좀 더 큰 안과에 가보았으나 역시 별 이상이 없다고 하면서 소아정신과에 가보라고 한다. 그때야 이 어린아이의 엄마는 크게 낙담한다. 아이들은 엄마로부터 스트로크를 기대하는데, 기대한 만큼 스트로크를 받지 못하면 스트로크 헝거에 빠져 이상한 행동을 하곤 한다.

조직에서도 스트로크 헝거 집단은 욕구불만으로부터 조직 부적응 행동을 일으켜 조직의 생산성 저하와 비효율성을 초래한다. 스트로크를 받지 못한 사람은 결사적으로 스트로크를 받기 위하여 노력한다. 그래도 안 되면 공격적이 된다. 상대가 스트로크 헝거에 빠졌다 싶으면 스트로크를 주어야 한다. 또한, 평소에 스트로크 헝거에 빠지지 않도록 노력해야 한다.

음식점에서도 손님이 스트로크 헝거에 빠지지 않도록 노력하는 것을 볼 수 있다. 음식이 늦게 나오면 꼭 손님에게 와서 물을 한 잔 따라주거나 아니면 신문이라도 주면서 조금 늦겠다고 양해를 구한다.

병원의 서비스도 많이 개선되었다. 환자들이 스트로크 헝거에 빠지지 않도록 대기하는 시간을 화면으로 표시해주고 있다.

칭찬도 한계가 있다

대체로 회사는 칭찬에 인색한 편이나 유독 회사 내에서 칭찬을 잘하는 사람이 있었다. 기획실에 근무했던 그는 당연히 인기가 있었고 사람들이 그의 주변에 몰려들었다. 결재를 받으러 온 사람한테 "수고했어", "잘했어"를 세 번씩이나 하는 사람이었다. 사람들은 기분이 좋았고 그의 방에서는 항상 웃음이 사라지지 않았다. 그러나 이상하게도 그를 신뢰하지 않는 분위기가 싹 트기 시작했고, 얼마 후 그는 회사를 그만두었다. 그가 시도 때도 없이 칭찬을 했기 때문이다.

칭찬을 할 때 고려해야 할 사항은 칭찬은 상대가 받을 만하다고 생각할 때 해야 효과가 있으며, 시기가 중요하고 상황이 중요하다는 것이다. 칭찬은 과거지사에 대하여 하면 효과가 떨어지든가 부정적일 수가 있다. 김치를 먹을 때도 김치가 목으로 넘어가는 순간 맛이 있다고 느꼈을 때, 그 즉시 "이 김치 맛있는데요!"라고 말해야지 한참 지난 뒤에 "그때 먹은 김치 맛있었어요!"라고 하면 효과는 감소하고 오히려 문제가 발생할 수 있다.

또한, 칭찬은 상황을 고려하여야 한다. 상황을 고려하지 않고 칭찬하면 부정적인 강화를 한 것과 마찬가지가 된다. 3일간의 교육 과정에서. 첫날 강의가 끝난 뒤 숙제를 내주었다. 내용은 집에 돌아가면 반드시 부인한테 "당신 최고야"라고 말하는 것이었다.

그다음 날 숙제를 확인해 본 결과 절반은 하지 않았다. 그 이유를 들어보니 쑥스러워서 하지 못했다고 한다. 그러나 숙제를 한 절반의 반은 성공을 했다. "당신 최고야"라고 말을 하니까 부인이 감격하더라는 것이다. 문제는 그 나머지 반이다. 부인에게 "당신 최고야"라고 하니까, "당신 미쳤어"라고 말하더라고 한다. 이것은 상황을 고려하지 않고 했기 때문에 일어난 현상이다. 이렇게 칭찬도 시기와 상황을 고려하면서 해야 한다. 그렇지 않으면 부정적인 강화를 주는 꼴이 된다.

또 한 가지, 이유가 분명치 않을 때 칭찬을 받으면 효과가 떨어진다. 따라서 칭찬의 효과를 높이고 관계를 더욱 깊게 하기 위해서는 이유를 분명히 할 필요가 있다. "내가 칭찬하는 이유는… 때문이다."라고 이유를 구체적으로 지적해 주어야 한다. 이와 같이 칭찬은 타이밍을 고려

해야 하고 또한, 이유가 분명히 있을 때 해야 한다.

　　남에게 호의를 베풀고 남을 칭찬하는 것이 모든 조건에서 다 좋은 효과를 얻을 수는 없다.

처벌은 연구가 필요하다

　　칭찬이 사람들을 분발시키고 기를 살린다고 하여 남발하는 경향이 있다. 꾸중을 할 필요가 있을 때는 꾸중을 해야 하고, 주의를 줄 때는 주의를 줘야 하는데, 처벌을 하지 않아 제멋대로 살아가는 사람들이 늘고 있다.

　　잘하거나 잘못하거나 간에 똑같이 대우한다고 하여 공정한 것은 아니다. 잘못한 사람에게는 벌을 주는 것이 공정한 처사이다. 이순신 장군도 부하를 끔찍이 사랑하고 종들의 공로까지 최대한 포상하려고 노력하였으나, 난중일기에 보면 부하들의 죄를 엄중히 처벌한 사례가 96건이나 된다.

　　처벌은 잘못한 행동이 있을 때 하고, 잘못이 일어난 직후에 하고, 면전에서 해야 한다는 일반적인 원칙이 있다. 또한, 야단을 치거나 처벌할 때는 상대의 자존심에 상처가 가지 않도록 해야 한다. 사람들은 꾸중을 듣거나 처벌을 받으면 '아무렇게나 하자'라는 생각을 하거나, '어떻게 하면 처벌을 회피할 것인가'를 연구하게 된다.

　　공자는 행차 중에 길 가장자리에서 변을 보는 사람은 나무랐으나

길 가운데서 변을 보는 사람은 나무라지 않고 그냥 지나갔다고 한다. 길 가장자리에서 변을 본 사람은 일말의 수치심이 있어서 야단을 치면 고쳐지겠으나, 길 가운데서 변을 본 사람은 수치심이 전혀 없으니, 야단쳐도 소용없어 그냥 지나쳐 간다는 것이다.

자녀가 컴퓨터 게임만 하다가 학교 성적이 지난 학기보다 더 떨어졌을 때 부모가 어떤 태도로 이 아이를 대하는 것이 바람직할까? 매를 들고 따끔하게 때려주는 방법도 있고, 무섭게 말로 꾸짖는 방법도 있다. 그러나 과연 이렇게 하는 것이 이 아이를 분발하게 하는 방법으로서 적절한 것일까?

한 실험연구의 결과를 살펴보자. 우선 자신이 한 일 때문에 다른 사람을 실망시키면 스스로 죄책감과 미안함을 가지며, 여기에 대한 반응으로서 꾸지람이나 회초리 등을 기대하게 된다.

또 아이가 기대한 방향으로 꾸지람이나 회초리를 들면, 이 아이는 자신이 잘못한 일이 상쇄된 것으로 지각한다. 그런데 아이가 기대하고 있는 처벌을 부모가 하지 않고 무관심하게 알아서 하도록 내버려 두면, 이것은 아이가 가지는 기대 심리에 대한 허점을 공략하는 방법이 된다. 여기에서 이 아이는 다음에는 절대 이런 실수를 저지르지 말아야 되겠다는 결심을 스스로 하는 계기가 마련된다.

직원들이 밤을 새워 중요한 프로젝트를 완성했을 때는 어떤 기대를 하게 된다. 그때 그 기대대로 칭찬이나 보상을 해주면 좋다. 그렇게 되면 지금까지의 행동방식이 유지되어 성과를 올릴 수 있다.

그러나 사람들은 때때로 야단맞을 짓을 하는 경우가 있다. 다음

날 회의에 필요한 중요한 서규를 분실했다든가, 중요한 회의에 지각을 하는 경우가 있다.

야단맞을 짓을 했을 때, 상사는 보통 그 직원을 꾸짖거나 큰 소리로 나무라는 경우가 허다하다. 그러나 그 직원의 행동은 고쳐지지 않고, 또 그와 유사한 잘못된 행동을 반복하는 경우가 때때로 있다.

이때 야단을 치면 기대한 바대로 되는 것이다. 잘못된 행동을 용서받는다고 생각하여 다시 그런 행동을 되풀이한다. 그러나 오히려 무관심한 태도를 보이면 너무 미안해하고 당황하게 된다. 때때로 상관의 무관심은 직원을 쩔쩔매게 하는 효과를 가져 온다.

2 | 너와 나의 만남은 인정풍토가 우선이다

너와 나는 무조건 다르다. 다름을 이해하고 인정해야 상호 간에 신뢰가 생기고 협조도 이루어진다. 가정이든 조직사회든 이해와 인정의 바탕 속에서 나와 상대의 관계는 발전한다.

창의적이고 발전적인 조직이 되기 위해서는 타인을 인정하는 조직문화가 자리 잡아야 한다. 타인의 이야기를 공감하고 존중하고, 자기 기준으로 상대를 평하지 말고, 상대가 변하기만 바라지 말고, 자기가 먼저 변하는 모습을 보이면 조직이 발전한다.

사람은 인정을 그리워한다

인간관계의 핵심기술은 인정과 접촉으로 요약된다. 인정은 정신적인 접촉으로 격려하고 칭찬하는 일련의 말이고, 접촉은 신체적인 접촉을 의미한다. 정신적인 접촉인 인정은 자기인정, 타인 인정으로 나누고 타인 인정은 다시 무조건적인 인정과 조건적인 인정으로 나누게 된다.

무조건적인 인정은 갓 태어난 아기에서 느끼는 감정과 같이 단점을 보지 않고 소중한 가치만을 보는 사랑이다. (예 : '당신 사랑해.', '나는 너

를 빌른나.', '낭신이 쇠고나.', '니는 우리 깁인의 대들보다.')

조건적인 인정은 조건을 붙이는 사랑을 의미한다. (예 : '우리 집 아이는 영어를 참 잘해.', '심부름해줘서 고맙다.')

우리는 무조건적인 인정보다는 조건적인 인정에 익숙해져 있다. 그런데 조건적인 인정을 지나치게 받으면 눈치만 보는 사람으로 성장할 수 있다. 그래서 때때로 무조건적인 인정을 해주어야 한다.

사람이 사는 이유는 타인으로부터 인정을 받기 위해서라는 사람도 있다. 그러나 우리는 인정에 인색하다. 우리가 살고 있는 문화권은 부정적이고 우리가 기억하는 것도 긍정보다는 부정적인 경험이 더 많기 때문이다. 유아기에 부모의 인정 속에서 자란 아이는 주로 사랑을 배우고 거부 속에서 자란 아이는 주로 미움을 배운다. 인정을 받을 만한 일을 했는데도 엄마가 인정을 안 해주면 그때부터 아이들은 삐뚤어지기 쉽다. 칭찬을 받을 만한 일을 했는데도 상사가 칭찬을 하지 않으면 그때부터 부하 직원은 삐뚤어져 자신의 권한을 남용하거나 책임을 전가하기 시작한다. 심지어 공격도 한다.

아이들은 부모의 사랑을 받기 위해 필사적이다. 말도 잘 듣고 공부도 열심히 한다. 그러나 부모의 사랑이나 인정이 부족하면 부모의 마음을 아프게 하는 일만 골라서 하는 수가 있다. 동생을 괴롭히거나 접시를 깨뜨리기도 한다. 제 몸이 아플 수도 있고 물건을 훔칠 수도 있다. 부모에 대한 일종의 복수가 시작된 것이다.

그래서 사람들은 대부분 자기를 중요하게 생각하고 자기를 인정해주는 사람을 만나게 되면 그 사람을 위해 몸과 마음을 바쳐 무언가를 하려고 한다.

유능한 인재란 타인과 적절하게 접촉하여 상대방을 인정하는 데 뛰어난 사람을 말한다. 역사적 인물로서 인정에 뛰어난 사람은 세종대왕이다. 낮은 직에 있거나 소외받는 신분이라도 그 존재가치를 인정해 주는 데 뛰어난 분이다. "김하(金何)는 남이 함부로 따라하지 못하는 재주를 지녀서 이 사람 없이는 안 된다."라고 하면서 신하들 앞에서 김하를 두둔한 일은 유명한 일화이다. 김하는 중국말 통역에 탁월한 사람이나 중인으로 사회적 신분이 좀 낮은 사람이었다.

서로 인정하는 조직문화는 모든 시스템에 앞서 선행되어야 한다.

잘 들어주는 친구가 최고다

나이를 먹을수록 사람들은 말을 많이 한다. 이때는 당연히 잘 들어주는 친구가 인기가 좋다. 사실 떠버리는 골치가 아프다. 후배 중 한 명이 새로 부임 온 상관에게 결재하러 들어가면 한 시간이고 두 시간이고 계속 붙들어 놓고 이야기를 해서 골치가 아프다며 어떻게 하면 좋겠느냐고 하소연한다. 그래서 이런 떠버리 상관은 말을 잘 들어주는 부하를 제일 좋아하니까 무조건 상관의 말을 잘 들어 줘야 한다고 했다. 오히려 듣는 연습을 할 수 있는 좋은 기회가 된다고 생각하고 열심히 잘 들어주라고 충고해 주었다.

말을 많이 한다는 것의 숨은 의미는 인정을 해달라는 것이고, 잘 들어준다는 것은 긍정적인 스트로크를 준다는 의미이기 때문에 들은 궁합이 잘 맞는다. 따라서 상대가 말을 많이 할 때는 무조건 말을 잘 들어주는 것이 최고다.

언어 뒤에는 감정이 숨어 있다. 우리는 말을 하면서 감정까지 표현한다. 말하는 사람은 자기의 숨겨진 의미와 기분까지 들어주기를 원한다. 말하는 내용뿐만 아니라 자신이 처해진 상황과 기분까지 이해해 주기를 바란다.

따라서 듣는 사람은 말의 의미뿐만 아니라 감정까지도 이해해 줘야 한다. 이때 말하는 사람은 자기의 말에 대하여 비판받거나 평가 받는 것을 원치 않는다. 말의 의미뿐만 아니라 기분까지도 이해해 줄 때 사람들은 방어적인 태도를 버리고 긍정적인 태도를 취한다.

이때의 기본이 '라포(Rapport) 형성'이다. 라포를 형성하면서 대화를 시작해야 상대는 신뢰감을 느껴 깊이 있는 이야기를 나눌 수 있다. 라포(Rapport)는 원래 프랑스어로 '다리를 놓다'라는 의미이다.

이야기하는 중간중간에 상대가 말하는 핵심 단어를 반복해서 말하면 라포가 형성된다. 그러면 '아 이 사람이 내 말에 귀 기울여 듣고 있구나.' 하는 느낌을 줄 수 있다. 상대가 "어제 마누라랑 같이 쇼핑하러 갔었는데……"라고 말하면, "아! 쇼핑하러 가셨군요."라고 맞장구를 쳐주면 된다.

또 하나는 상대의 행동을 그대로 따라 하면 라포가 쉽게 이루어진다. 상대가 팔짱을 끼고 있으면 나도 똑같이 하면 된다. 상대가 몸을 앞으로 숙이고 걸으면 그대로 따라 하면 된다. 실제로 상대의 행동을 따라

하지 않더라도 그런 기분을 가지면 상대는 은연 중에 마음이 통한다는 느낌을 갖는다. 사람들은 서로 비슷하면 호감을 갖는 경향이 있고, 동일한 생각이나 가치를 가진 사람을 좋아한다. 라포를 형성하면서 대화를 시작해야 상대는 신뢰감을 느껴 깊은 대화를 나눌 수 있다.

얼굴 표정, 목소리, 잘 쓰는 글귀, 손동작을 가지고도 놀랄 만한 라포를 형성할 수 있으며, 맞장구와 따라 하기만 잘해도 라포가 형성되어, 서로 안정감과 신뢰감을 느끼며 깊이 있는 대화를 나눌 수 있다. 라포를 형성하면서 깊은 대화를 들어주면 말하는 사람은 고맙게 생각한다.

상대의 눈동자를 보면 숨은 의미를 이해할 수 있다. 눈은 우리가 외부로부터 받아들이는 모든 정보의 80%를 전달한다. 과거의 경험을 떠올릴 때는 눈동자가 왼쪽 위로 향하고 경험한 적이 없는 이미지를 상상할때는 눈동자가 오른쪽 위로 향한다. 마음속으로 내부 대화를 할때는 왼쪽 아래로 향한다. 아내에게 놀러 가자고 제안했을 때 눈동자의 방향을 보면 아내가 무엇을 생각하는지 짐작할 수 있다. 왼쪽 위로 향하면 '전에 가 본 적이 있던 어떤 곳을 상상하고 있구나!' 라고, 오른쪽 위로 향하면 '처음 가보는 장소를 상상하고 있구나!'라고 생각하면 된다. 이렇게 사람의 눈동자를 보면 마음 상태를 짐작할 수 있어 깊은 대화를 나눌 수 있다.

공감하는 사람이 인기가 좋다

21세기는 공감과 소통의 시대라고 한다. 혼자 똑똑하고 잘난 사람보다는 함께 협력하고 공감할 줄 아는 사람이 성공하는 시대이다. 미국 카네기공대의 졸업생 1만 명을 추적조사해, 사회적으로 성공한 비결을 물어보니 전문지식이나 기술이 차지하는 비중은 15%에 불과한 반면, 좋은 인간관계와 공감능력이 무려 85%였다고 한다.

21세기에 어느 분야에서든 성공하는 사람들의 공통점은 '타인을 이해하고 공감할 줄 알며 상호작용하는 사회지능이 높은 사람'이라고 감성지능으로 유명한 하버드대학의 다니엘 골만(Daniel Goleman) 교수가 주장했다.

사회지능과 관련된 신경으로는 상대의 감정을 복사하는 거울신경(Mirror neuron)세포, 나름의 잣대로 해석하는 방추세포(Spindle cells), 더불어 호흡하는 오실레이터(Oscillator)가 있다. 거울신경세포는 부하 직원들이 리더의 감정이나 행동을 그대로 복사할 때 작용하고, 방추세포는 고통과 사랑의 감정을 느끼게 하며, 오실레이터는 파트너와 춤을 출 때나 둘이 호흡을 맞추면서 연주할 때 작동한다. 거울신경세포 덕분에 리더가 즐겁게 웃으면 상대도 즐겁고 긍정적인 기분을 느끼고 아이의 울음소리를 들으면 방추세포가 가동을 한다. 오실레이터 덕분에 서로 조화를 이루려고 한다.

직원들과 잘 웃고, 사람들을 높이 평가하면서 수고했다고 말하고,

악수하면서 한쪽 손을 적절히 활용하여 상대의 몸에 접촉하고, 직원들을 가족처럼 생각하는 리더가 직원들의 마음을 움직여 그들의 뇌에서 거울세포와 방추세포, 오실레이터를 활성화시키는 능력을 가진 사람이다. 직원들의 태도를 보면 리더가 어느 정도 거울세포와 방추세포, 오실레이터를 활성화시키고 있는지 알 수 있다.

남을 탓하는 습관에서 벗어난다

주변에 가끔 자신이 고생하고 불행한 것은 부모나 환경 탓이라고 생각하는 사람들이 있다. 자신이 공부를 하지 않아 시험을 못 본 아이가 엄마 때문이라고 하거나, 자신이 한 실수를 직원 때문이라고 한다거나, 골프를 칠 때 드라이버가 마음먹은 대로 안 맞으면 연습을 더 열심히 해야 되겠다고 생각하지 않고 드라이버를 바꿔야 되겠다고 생각하는 이 모든 것이 남을 탓하는 태도이다.

남을 탓하는 태도는 인간관계에서 제일 고약한 습관 중 하나다. 남을 탓하는 태도는 무의식적으로 완벽성을 지향하고 '자기긍정-타인부정'의 인생태도에 뿌리를 두고 있기 때문에 잘 고쳐지지 않는다.

기본적인 인생태도는 유아기부터 세 살 정도까지 부모로부터 받은 스트로크 즉, 정신적 접촉과 신체적 접촉에 따라 형성된다. 기본적 인생태도5)는 4가지가 있다. 그 중 하나가 '자기긍정-타인부정'이다. '자기긍정-타인부정'의 인생태도는 어렸을 때 애정 결핍이나 애정 상실 등으로 심신에 심한 고통을 받고 그것을 혼자 극복해 낸 아이가 터득한 태도이다. 어린아이는 다른 것에는 의지하지 않고 스스로 위로하고 문제를 풀 수 있는 사람은 오직 자기밖에 없다고 생각하여 '나는 옳고 상대는 그르다.'라고 생각한다.

'자기긍정-타인부정'의 인생태도는 의심이 많고 지배적 성향을 가진 사람이 취하는 인생태도이기도 하다. 자기가 타인에게 적의를 품고 있는 것을 느끼지 못하고 타인이 자기를 싫어하고 있다고 느끼는 사람이다. 이러한 사람은 무의식 속에 완벽한 사람이 되고 싶어 하는 욕구가 있거나 마음속에 의존적인 행동을 놓아버릴 수 없어 이러한 문제를 해결하고자 남에게 책임을 전가하기 때문에 그 습관을 고치기가 어렵다. 그러나 남을 탓하는 한 절대로 행복해질 수 없으므로 이 습관은 시간이 걸리더라도 반드시 고쳐야 한다.

남을 탓하는 행동의 숨겨진 목적은 자신이 고통스럽고, 죄의식을 느끼는 것이 괴롭기 때문에 이를 남에게 전가해서 자신의 마음을 편하게 유지하는 데 있다. 회사에서 남을 탓하는 정도가 심한 사람은 다른 동료에게 누를 끼친다. 조직은 조화로운 협조가 있어야 제대로 돌아가는데 '잘하면 제 탓, 못하면 남 탓'이라고 한다면 조직 분위기를 악화시키는 사

---

5) 기본적 인생태도는 자기와 타인의 관계에서 자기와 타인의 가치에 대해 정착된 개념에 따라 성격의 일부가 된 것으로 인생에 대처하는 기본적인 반응태도를 말한다. 기본적 인생태도는 자기긍정-타인긍정, 자기긍정-타인부정, 자기부정-타인긍정, 자기부정-타인부정의 4가지가 있다.

람이 될 가능성이 많다. 생산 라인에서 뒷공정이 앞 공정을 탓하고, 영업은 생산을 탓하고, 생산은 구매부서를 탓한다면 책임 전가는 될지언정 '탓하는 제품'만 나와 고객으로부터 외면당하기 십상이다.

톨스토이는 인간관계에서 자신을 높이는 가장 훌륭한 방법은 남을 탓하지 않는 것이라고 했다. 그렇다면 어떻게 문제의 원인을 남에게 돌리는 오래된 습관에서 벗어날 수 있을까?

우선 자기의 기본적인 인생태도가 '자기긍정-타인부정'이라는 것을 인정하는 자세가 중요하고, 또 하나는 남을 탓하기 전에, 상대에게 '무엇을 감사해야 할까?' 또는 상대로부터 '무엇을 배울 수 있을까?' 라는 생각을 습관화시키는 것이 중요하다.

내 삶의 모든 것은 내 책임이다

과거의 경험을 수정할 수 있을까? 더 나아가 마음속에서 과거의 경험을 삭제할 수 있을까? 여기에 도전한 것이 '호오포노포노'다. 만약에 자신의 과거 경험을 수정하거나 삭제할 수만 있다면 우리는 새로운 사람이 될 수 있을 것이다. 가장 완벽한 사람이 될 수 있다. '호오포노포노'는 하와이에서 잘못을 바로잡기 위해, 예전부터 내려온 문제 해결 방법을 미국의 임상심리학자가 현대에 맞게 수정한 것이다. 문제 해결의 핵심은 문제 또는 문제 상황에 대해 '미안해요, 용서해요, 감사해요, 사랑해요'를 반복하면 된다는 주장이다.

만약에 아내가 어떤 문제가 있다고 하면 '이런 문제를 만든 내 안의 것들을 용서해주세요. 감사해요, 사랑해요'라고 반복해서 말한다. 직원에게 어떤 문제가 있어도 '미안해요, 이런 문제를 일으킨 내 안의 것들을 용서해 주세요. 감사해요, 사랑해요'라고 말한다.

과거의 기억들이 우리 자신이라고 말할 수 있을까? 우리 마음속에 켜켜이 쌓여 있는 과거의 기억은 우리 자신이 아니라는 주장이 있다. 덴마크의 과학저술가인 토르 노레 트랜더스(Tor Norre Tranders)는 '사람은 매초 1천1백만 비트 이상의 정보를 얻지만 우리가 인지할 수 있는 것은 15~20비트에 지나지 않는다.' 라고 했다. 『호오포노포노의 비밀』(부와 건강 평화를 부르는 하와이인들의 지혜)의 저자인 이하레아카라 휴 렌(Ihaleakala Hew Len) 박사도 우리는 어떤 순간에도 그 순간 일어난 일에 대해 완전하게 지각하지 못한다고 했다.

우리가 눈, 귀 등 5가지 또는 6가지의 감각기관을 통하여 많은 정보를 접하고는 있으나 우리가 실제로 인지할 수 있는 정보의 양은 지극히 한정되고 편협하며 그것 또한, 자기중심적으로 인지하고 있다. 그리고 인지된 경험은 '옳다 그르다' 판단을 거쳐 기억으로 저장된다. 이렇게 저장된 기억을 나 자신이라고 할 수 있을까?

휴 렌 박사는 '내 삶의 모든 것은 내 책임'이라는 믿음이 중요하다고 했다. 내가 느낄 수 있다는 것은 과거에 그것을 경험했기 때문에 느낄 수 있으며, 경험이 없다면 느낄 수도 없다고 하였다. 모든 문제는 나의 과거 경험, 기억이 만들어낸 결과이다. 따라서 상황을 탓하고 남을 탓할 이유는 없다. 발생하는 모든 문제는 내 책임이며 문제 상황을 일으킨 내

안의 것을 치유하면 해결이 된다는 주장이다. 이런 문제를 일으킨, 내 안의 어떤 것에 용서를 빌고 감사하고 사랑할 뿐이다. 이렇게 함으로써 나의 마음은 자유로워지고 평화로워진다.

어두컴컴하고 인적이 드문 곳에서 모르는 사람과 마주칠 때 마음속으로 '미용감사(미안해요, 용서해요, 감사해요, 사랑해요)'를 하면 연결된 느낌이 들고 두려운 마음이 사라지게 된다. 아내나 남편이 화를 내거나 아이들이 짜증을 낼 때, "이런 문제를 일으킨 내 안의 것들을 '용서해주세요. 미안해요, 감사해요, 사랑해요."라고 말하면 변화가 온다.

좋은 부부는 서로를 바꾸려고 하지 않는다

부부가 평생 살아가면서 함께 넘어야 할 산은 많다.

첫 번째로 넘어야 할 산은 상대를 자기 방식대로 바꾸려고 할 때 일어난다. 부부간에 일어나는 문제는 서로 이해하지 못하고 서로를 변화시키려고 하는 데 있다. 상대에게 자기 신념이나 가치관 등 자기 방식대로 바꾸기 위한 언동을 사용하기 시작하면 상대는 둘 중 하나의 상태가 된다. 화를 내거나 아니면 기가 죽는다. 상대가 원하지 않으면 상대에게 도움이 될 만한 어떠한 충고도 필요 없다. 상대를 바꾸려고 하지 말고 자신이 원하는 것을 조용하고 부드럽게 전달해야 된다. 좋은 부부가 되기 위해서는 상대의 결점을 지적하지 말고 감싸면서 상대가 변할 때까지 기다려야 한다.

두 번째, 우리는 사랑하는 사람에게 대개 가장 엄격한 조건을 내세운다. 예를 들어 어떤 신부는 사랑의 표현으로 하루에 두 번 전화를 걸고 하루에 아침, 저녁으로 두 번 키스를 해달라고 한다. 이처럼 엄격한 조건을 내세우는 것은 어렸을 때 사랑하는 법을 배우지 못했기 때문이다. 우리는 어렸을 때 조건적 사랑을 너무 많이 받아왔다. 공부를 잘하면 사랑을 받을 것이라고 배웠다. 착하게 행동하고 말을 잘 들으면 사랑받을 것이라고 배웠다. 이러한 조건적 사랑을 받으면 마음속에 두려움이 생긴다.

이처럼 무조건적인 사랑을 방해하는 것은 요구와 기대이다. 요구와 기대는 조건적 사랑이다. 서로에게 거는 요구와 기대를 버리면 행복한 사랑을 발견할 수 있다. 부족한 점을 서로서로 채워주면 된다.

세 번째, 부부들은 긍정적인 대화를 나누기 위해 조금 더 노력해야된다. 존 고트만(John Gottman)은 결혼생활에서 긍정적인 스트로크[6]와 부정적인 스트로크를 분석한 결과 긍정과 부정의 황금비율이 5:1이라는 것을 발견했다. 만약 이 비율이 1:5가 되면 이혼할 확률이 높아진다고 한다. 이 연구는 700쌍의 신혼부부가 15분간 대화하는 장면을 녹화한 것을 가지고 긍정과 부정의 횟수를 분석하여, 결혼 유지와 이혼을 예측한 뒤, 그 자료를 가지고 10년 뒤의 결혼 상태를 비교 분석한 것이라 더욱 가치가 있다. 예상 이혼율이 94%로 정확했다.

---

6) Stroke는 존재인식 또는 위무라고도 한다. 머리를 어루만지거나, 칭찬하기 등을 통하여 상대가 쾌감을 느끼는 것을 긍정적인 스트로크라고 하고 꼬집거나 얕보는 것과 같이 상대가 불쾌감을 느끼는 것을 부정적인 스트로크라고 한다.

상대의 장점을 보면서 감사하거나 내가 원하는 것에만 집중하면서 이야기하면 좋은 관계가 형성될 수 있다. 과거와 타인은 바꿀 수 없다. 바꿀 수 있는 것은 오직 자기 자신이다. 자기가 변하면 자기의 사고 방식이나 대화 방법이 달라지기 때문에 상대의 반응이 달라진다.

거부(Rejection)하면 아이가 고생한다

로널드 로너(Ronald P. Rohner) 박사는 부모의 거부(rejection) 정도에 따라 아이들이 의존적이 되기도 하고 공격적이 되기도 한다고 주장했다. 아이가 울 때의 상황을 살펴보면, 거기에는 대개 엄마의 '거부'가 있다. 아이가 보채거나 울 때 부모가 모르는 척하거나 민감한 반응을 보이지 않을 경우 'Rejection(거부)'이 된다.

아이는 거부가 쌓이면 방어적이 되거나 손가락을 빨면서 홀로 '거부'를 이겨내려고 애를 쓴다. 어떤 아이는 엄마의 품 대신 보드라운 담요 속으로 파고든다. 심한 경우 어떤 아이는 그릇을 깨기도 한다.

부모의 '거부(Rejection)'가 심하면 아이는 다른 사람과 친밀관계를 형성하기 어렵고, 자기 존중감이 손상을 입어, 자신을 부정적으로 평가한다. 또한, 요즘 부모들이 많은 관심을 갖는 자신감도 손상을 입는다. 정서적인 불안감도 생겨서 작은 스트레스에도 화를 내거나 어쩔 줄 모르게 된다.

로너 박사는 부모의 거부가 아이의 성격 형성에 많은 영향을 미친다고 했다. 아이에게는 안정적인 애착 경험이 중요하다. 아이가 보채거나 옹알이를 하거나 웃음을 지을 때 민감하게 반응하고 항상 부모가 지켜준다는 믿음을 주는 부모가 훌륭한 부모이다. 이랬다저랬다 일관성이 없는 부모는 곤란하다. 어떤 때는 따뜻하고, 어떤 때는 냉담하게 대하면 아이는 갈피를 잡을 수 없다. 그러면 아이는 부모를 피하기도 하고 떼를 쓰기도 한다. 이런 아이는 커서 사람들과 친밀한 관계를 맺기 힘들고, 사랑에 목이 말라 윗사람에게는 귀여움을 받기 위해 애쓰며, 동료들에게는 잘 보이기 위해 애쓴다.

부모의 거부에는 3가지 차원이 있다. 신체적 혹은 심리적인 공격 차원이 있고, 무관심과 무시를 하는 경우와 아이 혼자서 사랑받지 않고 있다고 느끼는 경우가 있다. 무관심이나 무시는 아이가 필요할 때 아이의 어떤 바람이나 요구에 관심이 없는 경우를 말하고, 혼자서 사랑받지 않고 있다고 느끼는 경우는 심리적으로나 신체적으로 아이를 돌보지 않고 혼자 있게 내버려 두는 것이다. 젊은 부모들이 아이를 시어머니나 친정어머니에게 맡기고 여행을 갔다 오니 아이가 변해 있더라는 이야기를 종종 듣는다. 이때 아이는 '거부'를 경험하면서 이를 혼자서 해결하느라 많이 고생했을 것이다. 아이의 얼굴을 보면 부모가 얼마나 잘해주고 있는지 알 수 있다. 아이는 애정을 바탕으로 키울 때 정서적으로 안정되어 무럭무럭 자라난다.

3 관계 확장을 위한 언어를 사용한다

우리가 사용하는 언어의 태생적인 한계점과 과거로부터 길들여온 잘못된 언어습관이 소통을 방해하고 있으며, 감정이 일어날 때 언어를 잘못 사용하여 관계를 더욱 악화시키는 경우도 허다하다. 관계 확장을 위한 언어를 사용하면 사람들과의 관계를 더욱 원만하게 할 수 있다.

관계 확장을 위한 기본원칙

천하의 호인도 긍정적인 감정만을 가지고 있지는 않다. 때로는 다투기도 하는데 다툴 때도 기본 원칙은 있다.

첫째, 다툴 때 구체적인 사실만 가지고 문제의 핵심에 국한하여 다퉈야 갈등이 빨리 봉합되어 확산되지 않는다.

둘째, 다툴 때 제삼자를 끌어들이거나, 과거 이야기를 들먹이면서 싸워서는 안 된다. 처갓집이나 시댁 등 제삼자를 끌어들이거나, 과거 이야기를 들먹이면 싸움은 확산되기 마련이다. 다툴 때 존중이 바탕이 돼야 다툰 후에 친해지기도 한다. 싸울 때 상대를 무시하거나 모욕감을 느끼게 하면 더욱 사이가 멀어진다.

셋째, 갈등이 일어날 때 구체적인 행동을 중심으로 이야기하고, 추측하거나 넘겨짚으면 갈등의 원인이 좁혀지지 않는다. '내 모를 줄 알아? 그 속을 모를 줄 알아?' 이렇게 상대의 마음을 읽어서는 곤란하다.

넷째, 상대를 비교하지 말고 비교의 함정에 빠져서도 안 된다. 싸울 때 상대와 비교하는 말투를 사용하면 심리적 좌절감을 일으킨다. 심리적 좌절감을 일으키는 비교하는 말투를 사용해서는 안 되고, 상대의 비교하는 말투에 심리적 좌절감을 일으켜서도 안 된다.

마지막으로 자신의 태도를 분명히 밝혀서 상대가 막연한 추측에 근거한 행동을 하지 않도록 한다. 이것은 사람의 마음을 휘어잡아 갈등을 조기에 진정시키는 효과가 있다.

당나라 때 태종의 후궁이었다가 그 아들 고종의 황후가 되기도 한 여황제 무측천은 권력을 잡으려 할 때 도와주는 사람이 적었고 더구나 여자로서 황제가 되어 시대와 전통의 벽과 맞서 싸워야 하는 악조건 속에 있었다. 이때 무측천은 무엇을 좋아하고 싫어하는지 자신의 입장을 분명하게 함으로써 신하들이 막연한 근거에 의한 행동을 하지 않도록 하여 그들의 마음을 휘어잡았다.

말의 한계를 극복한다

　　인간관계 즉, 사람과 사람 사이에는 말이 있다. 말을 통해 우리는 의미를 전달하고 상대방의 의미를 전달받기도 한다. 그런데 의미를 전달하고 받는 과정에서 때때로 문제가 발생하여 웃지 못할 희비극이 일어난다. 말이 정확히 전달되지 않는 원인의 대부분은 '말'에만 중점을 두기 때문이며, 말을 과신하지 않기 위해서는 말의 한계를 알아야 한다.

　　말에는 중요한 몇 가지 현상이 있다.

　　첫째, 말이란 사실(물건) 그 자체가 아니다.

　　사과라고 다 똑같지가 않다. 독자성을 가지고 있다. 어떤 사람은 사과가 맛이 있다고 하고 어떤 사람은 사과가 맛이 없다고 한다면 이 차이는 왜 일어난 것일까? 한 사람은 빨갛고 싱싱하고 수분이 듬뿍 들어 있는 사과를 연상했는데, 다른 사람은 덜 익고 썩은 사과를 머릿속에 그리고 있었기 때문일 수 있다.

　　이러한 어긋남의 원인은 사과 A는 사과 B가 아니기 때문이다. 사과에는 대구사과도 있고 경산사과도 있고 청주사과도 있다. 또 홍옥도 있고 부사도 있다. 또 신선한 사과도 있고 덜 익은 사과도 있다. 길거리에서 산 사과도 있고 백화점에서 산 사과도 있다. 사과라고 해도 다 똑같은 사과는 아니다.

　　둘째, 말에는 추상의 단계가 있다.

　　사과 A를 낮은 추상에서 높은 추상으로 나열해보면 사과 A는 홍

옥 → 사과 → 과일 → 먹을 것 등으로 나열이 된다. 우리가 말을 할 때는 추상의 단계가 높은 것보다는 낮은 단계의 말을 활용해야지 그 말에 포함된 의미를 한정시켜 정확하게 구체적으로 의미를 전달할 수 있다.

동생한테 "먹을 것 좀 사와!"라고 하면 반드시 동생은 더 묻는다. 의미가 서로 통하려면 여러 단계의 커뮤니케이션을 거쳐야 되므로 시간이 낭비된다. "그 사람은 부자다."라고 말하면 의미가 잘 전달되지 않는다. 반드시 땅 부자인지, 자식 부자인지, 능력이 많아 부자인지를 확실히 해야 한다. 말이라는 것을 교환하다 보면 매우 부정확하다고 느낄 때가 많다. 리더는 "자네 알아서 하게."라는 말을 사용해서는 안 된다. 추상적인 단계가 매우 높은 것으로 이야기하면 상대가 이해하지 못한다.

셋째, 말 자체는 변함이 없지만 말이 지칭하는 사물은 끊임없이 변한다.

동일한 사물이라도 매시간 변화되는 면이 있다. 종소리가 오늘 다르고 내일 다르게 들린다. 매일 보는 달도 달리 보인다. 마음이 변했기 때문이다. 사람도 성장 노쇠를 겪으면서 변한다. 정신도 변한다. 이 세상에 변하지 않는 것은 아무것도 없다. 따라서 날짜가 중요하다. 만남을 표현할 때는 몇 년 전 또는 몇 개월 전에 만난 아무개라고 정확히 말해야 한다.

넷째, 사람의 지식은 체험에 의한 것과 보고에 의한 것이 있다.

원숭이와 달리 사람들은 체험한 것을 다른 사람에게 이야기하는데 이를 보고라고 한다. 보고할 때는 실증이 가능한 것이라야 한다. 말에 포함된 사실 그 자체에 눈을 돌려야 한다. '그는 무책임하다.'라고 했을 때 무엇을 보고 무책임하다고 한 것인지 근거가 빠져있으면 의미가 통하지 않을 수 있다. 또한, 관찰한 것을 보고할 때는 반드시 무엇인가 빠져있다는 사실을 알고 단정 짓지 말아야 한다. 사람은 모든 각도에서 관찰할 수 없기 때문이다. 말이란 어떤 상황이나 사건을 그대로 표현할 수 있는 것이 아니기 때문에 보고할 때는 되도록 추론과 단정을 배제해야 한다.

이렇게 말 그 자체는 사실(물건)이 아니라는 것과 말에는 추상의 단계가 있다는 것, 말 그 자체는 변함이 없지만 말로 표현되는 사물은 반드시 변한다는 것과 말로 보고할 때는 되도록 추론과 단정을 배제해야 한다는 것에 유의하면 '말이 가진 한계'를 어느 정도 극복할 수 있게 된다.

잘못된 언어습관을 반성한다

많은 사람들은 과거로부터 길들여져 온 잘못된 언어습관을 가지고 있다. 비관적인 언어습관, 게으른 사람이 사용하는 언어습관 그리고 억압적인 언어습관, 또는 필요 없이 상대를 자극하는 언어습관 등을 가지고 있어 주의할 필요가 있다.

첫째, 비관적인 언어습관을 연구한 학자로는 셀리그만(Martin E. P. Seligman)이 있다. 그에 의하면 우울증이 심한 사람은 비관적인 언어습관이 있다고 한다. 어떤 역경에 처했을 때 '항상', '결코'와 같이 늘 지속되는 습성을 염두에 두고 말을 하거나, 한 부분에서 실패를 경험하면 모든 것을 다 포기해버리거나, 역경이 생기면 자기 자신을 비난하는 언어습관을 모인나고 한다. 다시 말해 비관적인 사람은 '지속적'이고 '확산적'이며, '개인적'인 언어습관을 가진다.

예를 들면, 지속적인 언어습관을 가진 사람은 "넌 항상 주의가 산만해"와 같이 말하고, 확산적인 언어습관이 있는 사람은 상사가 눈살만 찌푸려도 해고를 생각하고, 개인적인 언어습관이 있는 사람은 "나는 바보 같아" "난 정말 한심해."와 같이 말한다고 한다.

둘째, 게으른 사람이 습관적으로 사용하는 언어습관이 있다. "언젠가는 해야지.", "하고는 싶지만 시간이 부족할 것 같아." 라고 말한다.

셋째, 성공 가능성이 사라져버리는 언어습관으로는 '어차피', '안 돼'가 있다. '안 돼'는 완전히 부정하는 말이고, '어차피'라고 말하는 순간 행동이 일어나기 전에 포기해버린다.

넷째, 고쳐야 할 언어습관 중에는 권위적이고 억압적인 것이 있다. '하지 않으면 안 돼, 반드시 해야 돼'라고 말하는 습관이다. 이런 사람은 말끝마다 'must, should'라고 말한다. 이렇게 이야기할 경우 상대는 어떻게 될까? 순종 아니면 반항하는 사람이 된다. 'must, should'는 행동을 강요하고 긴장을 불러일으키고 죄의식을 심어주는 언어이다.

다섯째, 잘못된 언어습관을 사용하면 상대가 대들 수도 있다. 상대방의 행동 결과에 대하여 자신의 생각을 말할 때는 반드시 구체적으로 행동을 가리켜 표현해야 한다. "자네는 게으른 사람이군." 라고 말하면 나는 게으르지 않다고 대들 수도 있다. 따라서 행동을 구체적으로 지적하면서 "자네는 지각을 한 주에 2~3회 하는군."(Do 표현)이라고 표현해

주어야 한다.

여섯째, 상대의 행동 때문에 화가 나거나 짜증이 날 때 상대를 불쾌하게 하지 않으면서 상대의 행동을 바꾸도록 영향을 미치는 방법이 있다. 상대의 행동을 평가하거나 비난하기보다는 자기의 느낌을 이야기하는 것이 상호 간에 만족스러울 수 있다고 한다. 예를 들어, "자네의 일 처리가 늦어져 내가 걱정이 되네."라고 느낌을 표현하는 편이 상호 간에 만족스러울 수 있다는 이야기이다.

기타, "다른 사람은 안 그러는데 자네는 말이야……." 하면서 비교하는 말투를 사용하는 사람, 명령조나 지시하는 말투로 이야기하는 사람도 언어습관에 조심할 필요가 있다.

'하지만'을 유용하게 사용한다

'하지만'이라는 단어는 상대방의 자존심을 손상시키지 않으면서 부드럽게 거절하거나, 절망에서 희망으로 나오기 위한 단어로도 유용하게 사용된다. 상대방에게 거절을 잘하지 못하면 큰 낭패를 당하거나 또는 위험에 맞닥뜨릴 수도 있다.

어떤 청년이 여자친구에게 포옹하려고 덤볐다. 그 여자는 "안 돼!" 하고 소리를 꽥 질렀다. 놀란 청년은 자존심이 상해서 그 여자의 얼굴에 상처를 내고 말았다. 이때 여자가 어떻게 하면 상대의 자존심을 건드리지 않으면서 소기의 목적을 달성할 수 있을까? "오늘은 안 돼! 하지만……."이라고 말하면 상대의 자존심을 건드리지 않으면서 소기의 목적을 달성할 수 있다.

아이들은 '안 돼' 하면 울먹이든가 아니면 반항을 하려고 한다. 이때 '하지만'이라고 말하면 얼굴에 화색이 돈다. '안 돼' 뒤에 '하지만'이라는 단어를 집어넣어 거절을 효과적으로 하는 것이 기술이다.

또한, 절망 속에서 희망을 찾는 단어가 바로 '하지만'이라는 꼬리표이다. "나는 못 하겠어."라고 단념을 해버리면 어떻게 될까? 우리의 신경은 온갖 못하는 일에만 집중하여 절망할 것이다. 그러나 '하지만'이라는 단어를 사용하면 자신이 못하는 일에만 집중했던 생각에서 벗어나 융통성을 발휘하게 된다. 여러 가지 대안을 찾으며 두렵기만 하던 생각이 희망적인 모습으로 바뀐다.

"지금은 곤란해. 하지만 다음에는……."

"나는 할 수 없어. 하지만 내가 할 수 있는 것은……."

이렇게 부정 뒤에 '하지만'을 넣어 긍정을 만들면 된다. '하지만'은 거절할 때도 유용하게 사용되고 절망 속에서 희망을 찾을 때도 유용하게 사용되는 단어이다.

'Yes But 게임'을 하면 기분이 엉망이 된다

포커를 할 때 보면 패가 잘 들어왔는데도 당사자는 패가 나쁜 척한다. 이를 게임이라고 한다. 미국에서는 게임이 일상적인 생활용어가 되어, 아이가 배가 아프다고 엄살을 부리자, 아빠가 "너 게임하고 있지!"라고 추궁하는 장면을 미국영화에서 가끔 볼 수 있다.

게임은 이론적으로 유아기에 이루어진 결단인 인생태도(Life position)가 옳다는 것을 증명하기 위하여 사용되는데 우리의 관계를 파괴적으로까지 몰고 가기도 한다. 게임은 긍정적인 스트로크가 부족하다고 느낀 사람이 부정적인 스트로크라도 얻기 위해 하는 것으로, 게임은 뒷맛이 좋지 않고 반복적으로 행해지는 특징이 있다. 우리는 '이런 것이 게임이구나.'하고 인지하기만 해도, 게임에 걸리지 않고 게임을 걸지도 않는다.

강의를 할 때 항상 신경 쓰는 것 중 하나가 게임을 걸어오는 학생이다. 학생이 게임을 걸어왔는데 강사가 그것을 인지하지 못하고 걸려들면, 그날 교육은 엉망으로 끝난다. 어떤 강사는 토론 장면에서 게임에 걸려들었다. 학생이 뭐라고 반론을 펴자 강사가 화를 내버렸다. 화를 내는 순간이 바로 게임에 걸려든 순간이다. 교육은 엉망으로 진행되었다. 게임은 걸지도 말고 걸려들지도 말아야 한다.

게임은 'kick me', '바보', '당신 때문에 이렇게 되었다.' 등 전부 일정한 명칭이 붙어 있는데, '네, 그러나'라는 명칭이 붙은 게임 하나를 소개한다. 이 게임은 '한국인재개발본부'가 주최하는 'TA(교류분석) 리더코스'에서 나온 사례로 환자와 의사 사이에 일어난 이야기다.

환자 : "선생님, 제가 좀 뚱뚱한데 어떻게 하면 살을 뺄 수 있습니까?"
의사 : "그렇군요. 쌀밥을 먹지 않으면……."

환자 : "예, 그렇게 하면 좋겠습니다. 하지만 배가 고프면 일이 안되기 때문에……."

의사 : "그렇군요. 적어도 술을 끊는다든지, 단 음식이라도 피한다면……."

환자 : "예, 하지만 교제도 있고, 게다가 잠잘 때는 한잔하지 않으면 잠을 잘 수가 없어서……."

의사 : "그래요, 그러면 골프라든가 테니스 등 운동이라도 한다면……."

환자 : "예, 하지만 시간이 없어서……."

의사 : "그러면 적어도 통근 전후에 한 정류장 정도 걷도록 한다면……."

환자 : "예, 하지만 지각해서는 곤란하기 때문에……."

의사 : (신경질을 부리며) "에이! 이제 마음대로 하세요!"

이때 대화는 끊기고 '왜 이렇게 되어버렸지?' 하고 혼란에 빠지면서, 기분이 엉망으로 된다.

'Yes, But' 게임을 시작한 환자는 아무리 도와주려고 해도 그렇게 할 수가 없다. '너는 Not Ok야!'라는 것을 증명하고, 환자에게 폭발해버린 의사는 '단지 도와주려고 생각한 것인데, 의사가 환자에게 짜증을 부리다니……. 나는 역시 무능한 인간이야.' 라고 생각하게 된다. 이런 종류의 게임은 자식이 부모에게, 부하가 상사에게, 학생이 선생에게 게임을 걸고 상대가 거기에 대응하는, 여기저기서 볼 수 있는 형태다.

'네, 그러나' 게임은 'Not Ok의 인생태도[7]'를 확인하고, 스트로크가

---

7) I'm OK-You're OK(자기긍정, 타인긍정) 나와 상대의 가치를 인정하고 존중한다.
I'm not OK-You're OK(자기부정, 타인긍정) 열등감이 많은 경우로, 자신이 남과 대등하지 못하

결핍된 사람들에게 일어나는데, 결말은 너무 파괴적이다. 게임에 걸리지 말고 게임을 걸지도 말아야 한다. 게임에 걸렸다 싶으면 교차교류[8]로 응대하자. 주변에 이런 종류의 게임을 하고 있는 사람은 없는지 살펴보자.

다고만 생각한다.

I'm OK-You're not OK(자기긍정, 타인부정) 나만 옳다고 생각하며 남을 탓하기만 한다.

I'm not OK-You're not OK(자기부정, 타인부정) 타인을 거부하며 자신도 부정적으로 보며 인생을 허무하게 여긴다.

8) 교차교류는 수신자의 응답이 예상 밖이라 발신자의 기대 상태가 저지된 것으로 교류가 끝난다. "선배님 식사하러 가시죠 → 안 돼! 지금은 근무시간 중이야." 와 같이 교류가 단절되거나 어색한 교류를 말한다.

제4장

리더십의 확장

내가 적을 이길 수 있는 조건들은 적에게 있을 것이었고, 적이 나를 이길 수 있는 조건들은 나에게 있을 것이었다.

-김훈, 『칼의 노래』 에서

1 | 리더는 하루아침에 만들어지지 않는다

세상은 계속 변하고 있다. 변화의 속도에 맞추어 경영방식도 변하고 있다. 지금은 투명, 개방, 자율성과 같은 가치를 강조하는 시대에 살고 있다.

리더는 아무나 될 수 있는 것이 아니다. 나이가 먹었다고 리더가 될 수는 없다. 미래의 리더는 열정과 관심이 있어야 하고, 가치관의 변화, 조직 분위기의 변화, 국제 환경의 변화, 돈의 흐름의 변화, 시장의 변화 등 변화에 민감해야 한다. 리더십의 깊이는 수용, 관용, 허용의 깊이에 따라 결정되고, 리더의 인품과 능력은 정직성으로 가늠할 수 있다. 가장 존경받아야 할 리더는 탁월한 리더십을 발휘하여 성공한 CEO다.

리더에게 요구되는 조건이 있다

직장인의 대다수가 상사에 대한 불만이 많은 것으로 조사됐다. 취업 포털사이트가 직장인 5,842명을 대상으로 '당신에게 인사권이 주어졌을 때 가장 먼저 자르고 싶은 사람이 누구인가'라는 질문으로 조사한 적이 있었다. 이때 응답자의 47%가 직속 상사라고 꼽아서 이 통계를 본 많은 리더들이 자신의 리더십을 반성하는 계기가 되었다.

세계 2차 대전이나 월남전에 참전했던 병사 대부분은 본인이 죽을 수도 있다는 위험성을 알면서도 전투에 적극적으로 참가했고 결국 많이 죽어 갔다. 연구에 의하면 이처럼 죽음을 무릅쓴 자기희생의 원인은 '애국심'이 아니라 바로 '직속 상사의 리더십'이었다고 밝히고 있다.

기업을 이끌기 위해서는 리더십이 필요하다. 기업, 학교, 정치, 군대 등 모든 분야에서 발전의 토대는 리더십이라고 할 수 있다. 리더십은 크게 보아 '리더, 상황 그리고 멤버'라는 3가지 요소의 관계 속에서 발휘된다. 그렇기 때문에 리더십에 관한 정의가 350개가 넘는다고 미국의 리더십 연구가인 베니스(Warren Bennis)가 말하였다.

이처럼 리더십에 대한 정의는 많이 있으나 이것을 압축하여 한마디로 표현한다면 '리더십은 Influence(영향력행사)이다.'라고 말할 수 있다. 리더십은 과업 행동이나 관계 행동에 영향력을 행사하는 것이다. 과업 행동은 일하는 방법, 역할, 목표설정 등 지시감독을 하는 행위이고 관계 행동은 경청, 쌍방 의사소통, 격려, 상담 등 스트로크에 관계된 행동이다.

"이 일을 이런 방식으로 이렇게 하시오."라고 하면 과업 행동이고, 서로 상의하고 격려했다면 관계 행동을 한 것이다. 과업 행동과 관계 행동은 서로 조화를 이루는데, 부하의 성숙수준에 따라 조절이 필요하다. 신입사원이 들어오면 과업 행동을 늘리는 것이 좋을 것이고, 책임감이 있고 자발적으로 일을 잘하고 있고 자신감이 있으면, 관계 행동은 늘리고 과업 행동은 줄여나가야 한다.

일반적으로 리더에게 요구되는 첫 번째 조건은 조직의 문제에 대해 합리적으로 문제를 해결하는 능력이다. 소비자가 변하고 기술 개발이 발달하면서 조직도 변하게 된다. 이러한 변화 속에서 조직의 문제를 해결해야 기업은 성장하고 발전한다. 그렇게 되기 위해서 리더는 사물을 객관적으로 냉정하게 바라보면서 합리적으로 문제를 해결해야 한다.

두 번째 조건은 리더는 배려의 마음씨가 있어야 한다. 병법의 대가인 손자 시대에 부하에 대한 사랑이 대단한 오기(吳起)가 위(衛) 나라 장군이 된 후 중산국과 전쟁을 할 당시였다. 전쟁이 한창 진행 중인데 비가 계속 와서 병사들이 종기가 생기고 병도 나면서 큰 고생을 하고 있었다. 이때 장군이 악성 종기로 고생을 하는 한 병사의 고름을 손수 입으로 빨아주었다. 그런데 이 이야기를 전해들은 병사의 어머니는 통곡을 했다. 전에도 이 아이 아비의 종기를 빨아주어 너무나 감격한 나머지 장군을 위해 열심히 싸우다가 죽었는데 이 아이도 아비처럼 장군을 위해 싸우다가 죽지 않겠느냐며 서럽게 울었다고 한다.

세 번째 조건으로 리더는 긍정적이고 창조적이고 활기가 있어야 한다. 남편감도 재미있는 사람을 원하지만 직장 상사도 재미가 있어야 한다. 그리고 창조적이어야 한다.

마지막 조건으로 리더는 사람들의 마음을 모으고 신바람을 일으키는 데 뛰어나야 하며 또한, 비전을 제시할 줄 알아야 한다. 비전을 공유하고 실천하기는 어렵다. CEO가 여섯 번을 이야기하고 나서야 직원들이 비전을 공유하게 됐다는 이야기가 있을 정도로 비전의 공유는 어렵다.

『서유기』에서 '현장법사'의 비전 제시는 우리에게 시사하는 바가 크다. 손오공, 저팔계, 사오정이 끊임없이 말썽을 피우고 서로 싸우는 가운데 현장법사만은 불교 경전을 손에 넣기 위하여 서쪽으로 나아가는 것을 잊지 않았다. 현장법사는 '서쪽으로! 서쪽으로!'라는 희망을 계속 이야기함으로써 사막을 넘을 수 있었다.

부하의 비능률은 상사의 비능률에 그 원인이 있다. 기업의 크기는 중요하지 않다. 단 두 사람이 모였을 때라도 리더십이 있는 사람과 그렇지 않은 사람은 큰 차이를 보인다.

양궁과 같은 경쟁력을 갖춘다

한국 양궁은 1963년 국제양궁연맹에 정회원으로 처음 가입한 이후 1978년 제8회 아시아경기대회에서 일본을 누르고 개인과 단체종합에서 우승, 1년 뒤인 1979년 제3회 세계양궁 선수권대회에서 김진호가 우승하면서 종합우승을 차지했다.

1984년 제23회 로스앤젤레스(Los Angeles) 올림픽경기 대회에서 서향순이 금메달을 차지한 이후 지금까지 여자 개인전과 단체전에서 금메달 모두를 석권했다.

대한 양궁협회 서거원 전무는 "새 훈련 방법을 개발하면 외국 지도자들이 수단과 방법을 가리지 않고 알아내어 5개월 뒤엔 더 발전된 방법으로 훈련해야 한다."라고 말했다. 그런 역경 속에서도 대한민국의 양궁은 금메달을 모두 석권했다.

양궁 경기에서 너무 아슬아슬하게 이긴 장면들이 많았다. 한 번은 결승전이었는데 마지막 한 발이 10점을 맞추면 이기고 9점이면 연장전으로 가고 8점이면 지는 아슬아슬한 상황이 있었다. 이때 마지막 한 발로 9점을 맞춘 영국 여자 선수는 다 이겼다는 듯이 춤을 추고 있었다. 마지막 한 발 남은 한국 선수가 침착하게 활시위를 당겼다. 그리고 쏘았다. 결과는 10점이었다. 엄청난 함성이 터졌다. 한국 양궁이 다시 한 번 금메달을 따는 순간이었다. 양궁 선수들은 심리적 중압감을 제어할 수 있고 마음을 통제할 수 있는 사람들이다.

양궁 선수들은 손에 물집이 생기도록 열심히 활을 쏜다. 그러다가 손에 물집이 생기면 나중에 굳은살이 생겨 감각이 둔해질까 봐 더 걱정을 많이 한다. 그래서 칼로 깎아내기도 하고 심지어 불로 지지기도 한다. 이렇게 고생하고 노력한 덕분에 한국 양궁은 세계 1위라는 자리를 지킬수 있었다.

국가대표 양궁 선수가 되기 위해서는 소년체전부터 활을 잡고 치열한 경쟁을 벌이면서 1차 체력, 2차 집중력, 3차 정신력, 4차 담력, 5차 승부근성, 6차 환경에 대한 적응력 시험을 거친 뒤 마지막 국제대회 현장 투입 테스트를 치른 뒤 선발된다.

그들은 바람을 이겨낸 사람들이고 심리적 중압감을 물리친 사람들이고 생각의 흔들림을 제어한 사람들이다. 이를 위해 공동묘지 훈련, 다이빙 훈련, 해병대 체험, 경륜장 훈련, 65m의 번지점프 훈련, 군인 700명의 야유 소리와 북, 꽹과리 소리를 견디는 훈련 등 다양한 훈련을 받고 더 나아가 이미지트레이닝 훈련, 심박수 훈련, 프리슈팅 훈련까지도 받는다. 시차를 극복하기 위해서 배낭, 물, 비상식량만 가지고 속리산 문장대에서 태릉선수촌까지 걸어서 가기도 하고, 새벽 2시에 천호대교에서 63빌딩까지 25km를 경보로 걷는 훈련을 하기도 한다.

그뿐만 아니라 양궁 종합관리시스템을 운영하여 국내 선수들의 성적과 기록을 파악하여 과학적으로 관리하기도 하고, 미리 올림픽 개최지의 경기장을 시뮬레이션으로 훈련하여 적응력을 높이기도 한다. 국민의 마음을 항상 짜릿하게 만드는 역전 승부의 명수인 한국의 양궁 선수들은 하루아침에 만들어진 것이 아니다.

우리의 양궁이 세계 1위의 자리를 지킬 수 있었던 것은 조상으로부터 이어받은 소질을 계발하여 양궁 기술 개발에 노력한 것은 물론이고, 양궁협회 정몽구 회장의 끊임없는 관심과 투자가 있었기에 가능했던 것이다. 정 회장이 세계양궁대회가 열린 서울 태릉 경기장에 새벽부터 나가 직접 마당을 쓸었다는 일화도 있다.

서거원 전무는 기업 교육에서 "남의 탓, 환경 탓하지 말고 자신과 무한 경쟁하라."라고 했다. "10년 앞을 내다보고 항상 최악의 상황을 염두에 두고 끊임없이 변화와 혁신을 주도하라."라고도 했다.

기업뿐만 아니라 모든 조직이 양궁처럼 강도 높은 훈련과 업적을 관리하는 종합관리시스템, 치열한 경쟁을 유발하는 조직 환경을 만들면 그 기업이나 조직은 전 세계에서 1등을 할 수 있다.

역할 갈등을 살핀다

집단과 무리와의 근본적인 차이는 공동의 목표가 있느냐 없느냐에 달려있다. 무리에 목표가 생기면 사람들끼리 공동 목표를 성취하고자 하는 상호작용이 일어나고, 그런 와중에 리더가 탄생한다. 리더는 누가 임명을 해서 생기기도 하고 자연적으로 영향력을 제일 많이 행사하는 사람이 리더가 되기도 한다. 일단 리더가 탄생하면 그가 제일 먼저 해야 하는 일은 역할 부여이다.

초등학교 반장인 조카가 1박 2일 야유회를 갈 때 반 아이들이 말썽을 피울 것 같다며 걱정하고 있었다. 걱정은 혼자 하지 말고 그룹의 리더들이랑 같이 상의하면 좋을 것 같다고 이야기해주었다. 이때 두 가지 방법이 있다고 이야기해주었다. 첫째는 평소에 반 아이들한테 영향력을 행사하는 친구에게 사전에 협조를 구하는 방법이 있을 것이고, 또 하나는 그룹 활동을 할 때의 리더를 중심으로 협조를 구하는 방법이 있을 것이라고 말해주었다. 알아들었는지 못 알아들었는지 좌우간 반장인 조카는 그날 무사히 야유회를 끝마쳤다고 한다.

역할과 관련하여 유명한 실험이 있다. 스탠퍼드대학교의 짐바르도(Philip George Zimbardo) 교수는 지방신문에 광고를 내어 지원자를 모집하였다. 선발된 지원자를 스탠퍼드대학의 심리학과 지하실에 마련된 '형무소'로 안내하여 무작위로 간수 역할과 죄수 역할을 할 사람을 뽑아 이들의 행동을 관찰했다.

지원자들은 자기 역할을 맡은 지 한 시간도 안 되어 간수 역할을 맡은 사람은 진짜 간수처럼, 죄수 역할을 맡은 사람은 진짜 죄수처럼 행동하기 시작했다. 간수 역할을 맡은 사람은 시종일관 명령조였고, 죄수 역할을 맡은 사람은 수동적으로 행동하기 시작했다.

24시간이 지나자 간수 역할을 맡은 사람은 잔인하게 행동하기 시작했다. 48시간이 흐르자 죄수 역할을 맡은 사람은 극도로 신경이 날카로워져 더 이상 죄수 역할을 시킬 수가 없었다. 짐바르도 교수는 간수 역할을 하는 사람들의 행동이 두려워 10일 동안 실시하려고 했던 실험을 4일 만에 중단했다.

간수와 죄수를 무작위로 선발했고 우연히 만난 사이인데 이렇게 잔인해진 이유가 무엇일까? 사람들은 아무리 하찮은 역할이 부여될지라도 이를 활용하려고 하고, 윗사람에게 인정을 받으면 자기 역할 이상으로 권력을 행사하려는 심리를 갖게 되어 아랫사람을 필요 이상으로 자신에게 복종시키려는 마음을 갖게 된다는 것이다.

만약 당신이 뽑은 사람이 자기 역할 이상으로 아랫사람에게 지나친 권력을 행사하려고 할 경우 이를 억제하고 제동을 걸 줄 알아야 한다. 이것을 잘못하면 당신이 뽑은 아랫사람에게 당하는 수가 있다.

우리의 조직 환경은 점점 더 개방되고 있으며, 투명성과 자율성을 강조하고 있다. 이런 경영환경 속에서 조직력을 강화하기 위해서는 역할 갈등이 일어나지 않도록 리더가 항상 관심을 가져야 한다. 리더는 직원에게 리더가 바라는 '역할의 기대'를 정확하게 전달할 필요가 있다. 리더는 직원들에게 바라는 '역할의 기대'가 있고 직원들은 자기가 맡은 일에 대하여 이러한 것만 하면 된다고 하는 '역할인지(役割認知)'가 있다. 따라서 역할을 수행하면서 일어나는 갈등을 최소화하려면 리더의 '역할기대'와 직원들의 '역할인지'의 간격을 좁히는 '역할의 통합'이 적절히 일어나고 있는지 때때로 파악해야 한다.

지도력과 능력은 정직성으로 가늠한다

국제투명성기구의 부패인식지수[9](CPI, Corruption Perceptions Index)에 의하면 한국은 175개국 중에서 43위를 기록, 2010년 이후로 계속 하락과 정체를 보인다. 1위는 덴마크, 2위는 뉴질랜드가 차지했다. 영국은 14위, 일본은 15위, 홍콩은 17위, 대만은 35위다.

교육 중에 행복에 대한 마인드맵을 그리게 한 후에 보면 교육생 50명 중에서 고작 2~3명만이 진실, 성실, 정직과 같은 가치를 마음에 품고 있는 것 같아 안타까웠다.

정직성과 관련하여, 1990년대 초반에 진행된 어느 네덜란드 학자의 연구 조사 결과는 더욱 흥미롭다.

"당신은 친구가 운전하고 있는 차를 타고 있었는데, 제한속도 30km 구간에서 길을 건너던 보행자를 치고 말았다. 친구는 85km로 과

---

9) 2014년 조사, 공무원, 정치가, 기업가들의 뇌물수수행위, 탈법, 특혜제공, 가격담합 등 부정부패의 확산정도를 기준으로 작성. 2009년~2010년 39위, 2011년 43위, 2012년 45위, 2013년 46위

속을 하고 있었는데 당시 현장의 목격자는 아무도 없었다. 친구는 구속되었고, 그의 변호사가 만약 당신이 법정에서 친구가 30km 속도를 지키면서 운전을 하고 있었다고 증언을 해준다면, 친구가 중대한 벌을 면할 수 있다고 말해주었다. 이런 상황에서 당신은 어떤 행동을 취할 것인가?"

연구결과는 미국과 영국에서는 90%가 사실대로 증언하겠다고 하였고, 10%는 친구를 위하여 거짓 증언을 하겠다고 하였다. 일본과 중국에서는 50:50이고, 한국에서는 26%가 사실대로 증언을 하고, 74%는 친구를 위하여 거짓 증언을 하겠다고 대답했다고 한다.

사실대로 증언한 사람은 객관적이고 보편적인 기준이나 원칙을 따르는 사람들이고, 거짓 증언을 한 사람은 불성실하고 조직에서 강조하는 기본이나 원칙을 따르지 아니하고, 자기 주관적으로 행동하는 사람을 말한다. 거짓 증언을 한 사람에게 인기를 얻으려 하지 말고, 관용을 베풀기보다는 좀 더 엄격해야 한다는 것이 연구자의 주장이다. (크리스천투데이 보도 2007.09.17.)

이 연구 결과를 보면 우리나라에서 정직성이 삶의 중심으로 뿌리내리기 위한 노력이 얼마나 절실한지 느낄 수 있다. 덴마크는 지도자일수록 더 엄격한 잣대를 적용하여 정직성 국가라는 명예를 달성한 나라이다. 총리가 시속 40km 구간에서 70km를 달렸다는 이유만으로 벌금을 약 8천 7백만 원이나 물기도 하였다.

일반적으로 거짓말의 뿌리는 꽤 깊다. 어렸을 때부터 부모로부터 배워왔기 때문이다. 부모는 집에 귀찮은 사람이 오면 없다고 하라고 거짓말을 가르쳤다. 예전과 같이 윤리 교육을 집에서 배우지도 않는다. 우리는 부모의 뒷모습 즉, 행동이나 태도를 보고 따라하며 자랄 뿐이다.

사람들이 거짓말을 하는 이유는 다양하다. 자신의 못난 부분을 감추기 위해 거짓말을 하고, 체면 때문에 거짓말을 하는 사람도 있고, 보편적으로 어떤 이득을 얻기 위해 한다. 상상의 세계로 도피하면서 거짓말을 하는 사람도 있다. 또한 부모의 마음을 즐겁게 해주기 위해서, 또는 상사의 마음에 들기 위해 악의없는 거짓말을 하기도 한다.

어렸을 때부터 정직성 교육이 강화되어야 한다. 용기, 지혜의 뿌리는 정직성이다. 정직성은 우리의 덕목 중에 으뜸이다.

어린 시절부터 도덕 문제에 꽤 엄격한 사람이 훗날 탁월한 리더가 된다는 연구도 나왔다. 지도자의 능력과 지도력과 정직성은 정비례한다는 주장도 있다. 미국과 캐나다의 역사학자 7백여 명이 미국 역대 대통령에 대한 평가를 연구한 결과, 지도력과 능력과 정직성은 한 뿌리라고 밝히기도 했다.

세르반테스(Miguel de Cervantes Saavedra)는 "정직함은 진실을 사랑하는 마음에서 나온다. 정직함은 최고의 처세술이다. 정직만큼 풍요로운 재산은 없다. 정직은 사회생활에 있어서 지켜야 할 최소한의 도덕률이다. 하늘은 정직한 사람을 도울 수밖에 없다. 정직한 사람은 신이 만든 것 중 최상의 작품이다."라고 정직성을 예찬했다.

국민의 정직성을 국가 운명의 핵심요소라고 강조하신 분들도 있다. 민족지도자 도산 안창호 선생은 꿈에서 거짓말을 하였거든, 깨어나서라도 반성을 하라고 가르쳤다.

김수환 추기경은 강의실에서 "황우석 사태를 어떻게 수습해야 합니까?"라는 질문에 고개를 숙인 채 3분 정도 눈물을 흘리며 침묵하였다고 한다.

기업의 경쟁력을 확보하기 위해서 정직과 원칙이 뿌리내리도록, 미국의 GE사는 3박 4일간 약 4만 명을 대상으로 정직성을 주제로 교육을 시켰다. 정직성만이 회사의 효율을 올릴 수 있다고 생각했기 때문이다.

원칙과 정직이 없는 사회나 조직은 희망이 없다. 엄청나게 많은, 어린 학생들의 목숨을 앗아간 세월호 참사로 인해 국민들은 참으로 많은 눈물을 흘렸다. 너무 원통하고 가슴이 아프다. 이 학생들의 소리 없는 외침을 외면해서는 안 된다. 어른들에게 원칙을 지켜달라는 외침이고 정직하게 살아달라는 외침이다. 이 땅에 더 이상 '거짓말 전략'이 발을 붙여서는 안 된다.

정직해도, 더 나아가 정직해야 잘 살 수 있는 사회가 되도록 사회 지도층이 지혜를 모을 때다.

완벽한 리더로부터 배운다

임진왜란은 조선 인구의 절반 이상이 죽은 처참한 전쟁이었다. 임진왜란은 이순신 장군의 뛰어난 전략과 함께 거북선이라는 최신 무기체계가 있어 결국 우리의 승리로 끝났다. 그러나 전후 처리를 잘못해서 일본으로부터 보상도 못 받아내고 전후 복구비도 받아내지 못했다.

당시의 정치 상황을 살펴보면 당리당략을 따르는 철저한 이기주의를 바탕으로 개인적 출세에만 급급한 사회였다. 선조는 재임 중에 20번이나 임금 자리를 그만두어야 되겠다고 이야기했고 그때마다 사람들이 당파 싸움에 희생되어 많이 죽었다.

성품이 강직하고 공명정대한 이순신은 위대한 원칙주의자이다. 원칙주의자는 상황에 관계없이 객관적이고 보편적인 기준이나 원칙을 따르고 행동을 하는 사람을 말한다.

그는 부하를 끔찍하게 사랑하면서도 매우 엄했다. 항상 부정하고 불합리한 사항에 대해서는 결코 양보하거나 굴복하는 일이 없었다. 부하를 무척 위해 주었던 반면, 임진왜란 기간 중 군법으로 다스린 것이 무려 96건이나 된다고 한다. 병기를 잘못 손질해도 처벌하고, 백성들의 돼지를 훔쳐도 처벌하고, 그릇된 소문을 내도 처벌하는 등 원칙에 위배되는 사람들은 다 처벌했다.

3번 파직을 당하고 2번 백의종군을 하며, 백의종군 중에 어머니가 돌아가셨으나 죄인 신분으로 장례도 치르지 못한 이순신이 삼도수군통제사의 재 교지를 받아 부임하자 인파가 구름처럼 모여들면서 반겼다. 길가에서 이순신에게 술을 한 잔이라도 올리기 위해 애를 쓰는 사람도 있었다.

장졸의 정신무장과 훈련을 강조하고, 전쟁 중에 일기를 쓰고, 왜적의 침략에 대비하여 전라좌수사에 부임하자마자 거북선을 제작하고, 전쟁 중에 전염병에 걸렸는데도 잠자리에 들지 않았고, 운주당(모든 계획을 세운다는 뜻)을 만들어 장졸들과 토론을 하고 심지어 종들의 의견까지도 경청하였다.

이순신 장군은 조정의 지원 없이 탄약, 선박, 군량미 등을 확보하고 인력, 식량의 부족과 주위의 모함, 핍박에도 불구하고 23전 23승 전승을 했고, 단 한 번이라도 패하면 조선 수군이 궤멸된다는 믿음으로 최악의 상황에서도 이길 수 있는 조건을 만들기 위해서 최선을 다하였다.

이순신 장군은 지형, 조류 등 지리적 여건을 최대한 활용하기 위하여 명량해협의 좁은 물목을 왜군 전멸의 최적지로 선정했다. 그 결과 전투력이 강한, 왜군의 안택선은 명량해협에서 직접 참전하기가 어렵게 되었고, 좁은 물목을 어렵게 빠져나온 나머지 왜적 군선들은 집중 화포를 맞아 거의 다 침몰하였다.

더욱 중요하고 놀라운 것은 백의종군 중에 삼도수군통제사로 재임명될 당시 조선 수군이 궤멸당해 배는 12척밖에 없었고, 훈련이 안된 120명의 장졸이 전부였는데 이러한 병력을 이끌고 330척의 왜적에 대항해서 감히 싸우려 한 위대한 정신이다.

이때 장군이 한 유명한 말이 있다. 필생즉사 사필즉생(必生卽死 死必卽生). '싸움에 있어 죽고자 하면 반드시 살고 살고자 하면 죽는다.'는 뜻으로 장수들의 전투 의지 분발과 '결사 구국'의 각오를 나타낸 말이다.

내 교육 중에 지용희 교수(전 서강대 교수/ 경영학)가 이순신 장군에 대한 책이 600권이 넘는데 단 한 권이라도 책을 읽어본 사람이 있으면 손을 들어보라고 했다. 별로 없었다. 지 교수는 이순신 장군이야말로 완벽한 리더십의 전형이라고 큰소리로 외쳤다. 나는 부끄러웠다. 그때부터 이순신리더십연구회에도 가입하고 틈틈이 책도 읽었다.

왕건으로부터 배운다

　신라 말기는 혼란의 시기였다. 백성들은 도탄에 빠지고 지방에 영웅들이 나타나기 시작할 무렵 왕건이 탄생했다. 왕건은 어린 시절 아버지 왕륭으로부터 고구려 시대의 용맹한 기상과 영웅호걸에 대해서 자주 이야기를 듣고 자랐다. 어린 왕건은 자연스럽게 옛 고구려의 영토를 되찾고 도탄에 빠진 백성을 구하겠다는 결심을 하게 되었다. 왕건은 어렸을 때 동네 아이들과 싸우지도 않았으며, 아이들이 싸우면 서로 화해시키는 아이였다. 교육은 19세까지 그 당시 고승인 도선 대사로부터 각종 술법과 병법을 전수받았다. 이때 왕건은 리더로서의 자질과 덕목을 갖추게 되었다.

　왕륭이 송악 일대를 궁예에게 바치고 귀부한 뒤 왕건도 궁예의 신하가 되었다. 그 뒤 왕건은 변함없는 충성심으로 궁예를 대했다. 평소에 부하들이 나라에 대해 불평을 하면 이에 동조하지 않고 궁예의 입장을 충분히 감안하여 리더답게 타일렀다. 궁예가 병이 들어 왕비와 태자까지 죽이자 왕건의 부하와 추종자들은 왕을 몰아내자는 의견을 냈다. 이때에 왕건은 "왕이 비록 포악하더라도 어찌 감히 딴마음을 가질 수 있겠는가?"라고 꾸짖었다. 책사는 이것이 주군다운 점이라고 했다.

　전쟁 때마다 왕건은 자기주장을 전면에 내세우지 않고 우선 책사의 이야기를 충분히 듣고 제장의 의견을 수렴한 후 최종적으로 결론을 내렸다. 왕건은 부하들이 자신의 역할을 스스로 깨닫고 행동하게 했다. 왕건은 나주 공략으로 견훤을 고립시키는 역사에 남을 커다란 승전을 거두었다. 한양대학의 고운기 교수는 왕건의 어록을 다음과 같이 정리했다.

첫째, 군사가 이기는 것은 화합하는 데 달린 것이지 수가 많은 데 있는 것은 아니다.

둘째, 부디 태만하지 말라. 오직 힘을 다하고 딴마음을 가지지 않으면 복을 얻을 수 있을 것이다.

셋째, 적의 무리가 비록 적지만 만약 힘과 세력을 합쳐서 우리의 앞을 막고 뒤를 끊으면 승부를 알 수 없을 것이다.

왕건은 평소에 태만하지 말고 서로 화합하고 상대를 가벼이 보지 말라고 하였다.

왕건은 일본의 도쿠가와 이에야스, 중국의 유방과 같은 사람으로 '포용'을 신조로 하여 삼국을 통일했다. 왕건의 포용 정신으로 견훤의 아버지 아자개가 왕건의 품으로 귀의했고, 신라의 마지막 왕인 경순왕도 신라를 바치고 귀부(歸附, 스스로 와서 복종)했다. 또한, 견훤도 왕건의 품으로 들어가 크게 인명 살상 없이 삼국을 통일하게 되었다. 918년에 즉위식을 가졌고 국호를 고려라고 했다.

왕건은 신라 시대의 골품제도를 없애고 양반 제도를 도입하는 등 사회 혁명을 일으켰다. 과거제도에 의해 사람을 뽑았고, 시험은 유교를 바탕으로 했으며 3년에 한 번 봤다. 혼인 제도를 통해 호족을 뭉치게 했으며, 북벌정책을 계속 추진하여 영토를 넓혀갔다. 왕건은 정략혼인으로

6명의 왕후를 포함 29명의 부인을 두어 25명의 왕자와 9명의 공주를 낳았다. 통일에 협조한 지방호족에게 성씨를 주고 거주지를 본관으로 하는 인사정책을 펼쳐나갔다.

67세에 왕건이 병으로 죽음이 임박하자 신하들은 울기 시작했다. 이때 "나는 죽는 일을 집에 돌아가는 일처럼 여기고 있다. 슬퍼할 것 없다."라고 오히려 위로하였다. 이 세상에 태어나서 마지막으로 한 말은 "생명이 덧없음을 모르느냐?"였다고 한다. 고려 왕조는 918~1392까지 475년 동안 존속했다.

원칙과 포용은 사회혼란 시기에 위력을 발하는 리더십이다.

2 | 조직생활의 성공 여부는 성격 행동에 달려있다

자기계발과 자기 성장을 위해서는 자기의 속마음을 솔직하게 이야기하는 것뿐만 아니라 타인의 피드백을 얻는 꾸준한 노력이 필요하다. 사람은 자기가 변하고 싶다고 마음먹으면 바뀌는 존재이다. 자기의 행동 특성을 알고 어떠한 사람인지 이해하는 것부터 출발하면 된다.

성격 행동 진단

여기 빼빼 마른 소가 한 마리 있다고 상상해보자. A라는 사람이 보고 B라는 사람이 봤다고 하자. A는 빼빼 마른 소를 보자 '그 소는 간이 좀 나쁜 것 같다'고 생각하고, B는 '한 근에 얼마나 할까?' 하고 생각을 했다면 이 사람들의 직업은 무엇일까?

A는 수의사이고 B는 장사꾼이다.

그다음에 어떤 행동이 일어났을까? A는 치료를 하러 갔을 것이고, B는 글쎄 빼빼 말랐으니까 우선 살을 좀 찌우려고 했을 것이다. 여기서 소는 자극이 되고, 간이 나쁘다고 생각한 것은 '생각이 움직인다.'고 하여 고동(考動)이라고 한다. 우리의 모든 언어와 행동은 이런 과정 즉 자극-고동-반응으로 일어난다.

어렸을 때, 부모가 "이것도 안 되고 저것도 안 된다."라고 말한 것은 이 고동 부분에 입력이 된다.

우리의 사고방식이나 언동은 부모로부터 물려받은 것이 많다. 유전 또는 학습에 의해 물려받았다. 우리가 유전에 의해 물려받은 것은 고치려고 해도 고칠 수가 없다. 그러나 학습에 의해 물려받은 것은 고칠 수가 있다. 학습의 연결고리를 끊어버리든가 재학습으로 고칠 수가 있다. 이것이 '변화'이다.

예전에 인도의 어느 지방의 늑대굴에서는 늑대와 함께 8세쯤 되어 보이는 어린아이가 발견됐다고 한다. 발견 당시 이 아이는 늑대처럼 낮에는 벽만 바라보고 우두커니 앉아 있다가 밤이 되면 활동을 했다. 네 발로 뛰어다니고 늑대처럼 울부짖기도 했다. 늑대의 젖을 먹고 늑대의 보살핌을 받은 아이는 늑대로부터 학습이 되었던 것이다.

부모가 정직을 강조하면 아이도 정직을 강조한다. 가치 개념이 학습된 것이다. 엄마가 "아이 귀찮아"하니까 아이도 "아이 귀찮아"라고 이야기한다. 감정도 학습이 된 것이다.

교류분석의 창시자인 에릭 번(Eric Berne)은 이 고동에 ⓟ, ⓐ, ⓒ가 들어 있다고 했다. ⓟ는 Parent(부모)의 약자이고, ⓐ는 Adult(어른), ⓒ는 Child(어린이)의 약자이다. 즉, 우리 마음에는 부모의 마음, 어른의 마음, 어린이의 마음이 있다. 마치 정신분석의 프로이트가 마음을 '초자아, 자아, 이드'라고 한 것과 비슷하다. ⓟ는 초자아와 비슷하고, ⓐ는 자아와 비슷하고, ⓒ는 이드와 비슷하다.

Ⓟ는 부모와 너무 비슷해 부모의 복사판과 같다. 여기는 엄한 측면과 자상한 측면이 있다. "시키면 시키는 대로 해!", "형편없군!", "외출 후 귀가 시 반드시 양치질해!"라는 말은 엄한 측면의 Ⓟ에서 나온 말투이다. 학생이 졸 때 안마를 해주는 행위나, "내가 좀 도와줄까"와 같은 언어와 행동은 자상한 측면의 Ⓟ에서 나온 언동이다. 이렇게 Ⓟ는 비판적이고 권위적이며 타인을 배려하는 자아 상태이다.

Ⓐ는 컴퓨터와 같다. 상황에 대처하는 모든 언동은 Ⓐ에서 나온다. Ⓒ는 마치 부모의 뒷모습 즉, 비언어 부분이 저장된 저장소이다. 인간의 욕구나 체험된 감정 등으로 이루어져 있다.

아이와 함께 오목을 두고 있는데, 아빠가 계속 이기다가 어쩌다 아이가 이겼다. 이 아이는 너무 신이 나서 "와! 이겼다." 하고 소리를 질렀다. 이때 아빠의 얼굴 모습은 어땠을까? 찡그리고 있었을까, 아니면 대견해서 웃고 있었을까? 이러한 모습이 Ⓒ에 저장된다는 뜻이다.

Ⓒ에는 자유로운 측면과 순응적인 측면이 있다. "덥다, 더워! 밥 먹고 합시다!"라는 말이나 기분 좋으면 개다리춤을 추는 것은 자유로운 측면의 Ⓒ에서 정신 에너지가 나온 것이다. '죄송합니다.'는 말과 굽실거리는 행동 등은 순응적인 측면의 Ⓒ에서 나온 것이다.

최근에 유치원에서는 역할 연기를 많이 하고 있다. 한 번은 남자아이에게 아빠의 역할을, 여자아이는 엄마의 역할을 시켰다. 남자아이는 대뜸 "신문 가지고 와!" 하고 소리를 질렀다. 조금 있더니 "물 떠 가지고 와!", "담배 가지고 와!" 하면서 명령하고 있었다. 그 후에 또 "밥 가지고 와!" 하면서 소리를 질렀다. 엄마 역할을 하는 아이는 명령대로 하다가 울어버렸다. 그때 남자아이는 "어! 우리 엄마는 울지 않던데……." 하고 말했다.

아빠 역할을 하는 남자아이는 엄한 측면의 ⑫를 연기하고, 엄마 역할을 하는 여자아이는 순응한 측면의 ⓒ를 연기하고 있었다.

어떤 젊은 친구가 오토바이를 타고 과속하다가 앞차를 들이받은 것을 지나가다가 목격했다면 어떤 생각이 떠오를까? 일단 자극을 받으면 마음속에 ⑫, ⓐ, ⓒ 정신 에너지가 왔다 갔다 하다가 ⑫ 나 ⓐ 또는 ⓒ 적인 생각이 우리 마음속의 고동에서 일어나게 된다. 이때 ⑫적으로 생각한 사람은 '젊은 친구가 조심해야지!'

ⓐ적으로 생각한 사람은 '보험은 들었을까?', '죽었을까, 살았을까?' ⓒ적으로 생각한 사람은 '피가 보인다.', '어유 끔찍해'라고 말하거나 또는 그 장면을 피하는 행동을 하게 된다. 이렇게 어떤 자극을 받으면 ⑫나 ⓐ 또는 ⓒ로 말을 하거나 행동을 한다.

이 세 가지 자아 상태 중 제일 많은 자아 상태가 자기 성격 행동의 특징을 나타낸다고 할 수 있다.

⑫적인 언어와 행동을 많이 하는 사람은 ⑫주도형이라고 하고 ⓐ적인 말이나 행동을 많이 하는 사람은 ⓐ주도형이라고 한다.

⑫주도형은 근면하고 책임감이 강하고 비판적이다. 융통성이 없으며 성실하다. 본래의 감정을 표현하지 못하고 인생을 즐기는 능력이 부족해 일 중독에 빠질 가능성이 있다.

ⓐ주도형은 냉정한 느낌을 준다. 타산적이고 합리적이며 현실적이다. 사람과 대화할 때 이성적이고 문제 해결 지향적인 대화를 많이 하

고 있는 사람이다.

ⓒ주도형은 감정 부분이 우세하기 때문에 자기 뜻대로 행동하거나 자기를 억제하여 상대의 감정에 맞추려고 한다. 예술가 타입이라고 하기도 한다.

ⓟ, Ⓐ가 우세하고 ⓒ가 적은 타입은 완고하고 인색하며, 완벽주의에 사로잡혀 있는 경향이 있다. 릴랙스가 필요하다. ⓟ와 ⓒ가 함께 많은 ⓟ, ⓒ주도형은 양심적인 경향이 강하고, 현실에 직면해서 자기주장이 위축되어 있는 타입이다.

사람과 사람 사이에는 교류가 있다. 교류는 자극과 반응에 의해서 이루어진다. 이것이 사회생활이다. 내가 ⓟ적인 언어와 행동을 많이 하게 되면, 상대는 ⓒ 자아 상태로 될 가능성이 많다. 엄한 자극을 주면 상대는 순응하거나 반항한다. 자상한 자극을 계속 주면 상대는 기분이 좋거나 버릇이 나빠진다.

내가 냉정하면 Ⓐ 상대도 Ⓐ 자아 상태로 변한다. Ⓐ대 Ⓐ 교류는 문제 해결을 할 때 많이 사용하는 자아 상태다. 말하자면 서로 골치 아픈 이야기만 한다는 뜻이다. 그래서 Ⓐ자아 상태를 많이 사용하는 사람과 술집에 가면 재미가 없다.

ⓒ주도형은 ⓟ를 부른다. 어디 놀러 갈 때도 ⓒ주도형은 ⓟ주도형이랑 같이 가려고 한다. ⓒ 자아 상태는 상대도 ⓒ가 되어 그 순간을 같이 즐길 수도 있다.

자기
성장
훈련

자기진단

● 평소에 어떤 자아 상태를 많이 사용하고 있는지 간단하게 진단해보
시기 바랍니다.

_____

_____

_____

_____

_____

_____

_____

● 자신의 언동이나 태도와 일치하는 엄한 부모 자아 상태(CP)에 해당

하는 모든 언동에 ∨표시를 해보시기 바랍니다.

엄한 부모 자아 상태(CP, Critical Parents)	
평가를 확실히 한다 ( )	권위를 중시한다 ( )
보수적이다 ( )	편견을 가진다 ( )
정의감이 있다 ( )	압박한다 ( )
선악을 확실히 구분한다 ( )	전통을 지킨다 ( )
통제한다 ( )	지시명령을 엄격히 한다 ( )
엄격하다 ( )	꼼꼼하다 ( )
압력을 가한다 ( )	비관한다 ( )
가정교육을 중시한다 ( )	도덕적이다 ( )
크고 다부진 목소리를 낸다 ( )	동작이 활기차다 ( )
맺고 끊는 것을 분명히 한다 ( )	전통을 지키려고 한다 ( )
습관을 지킨다 ( )	규칙을 지킨다 ( )
질책한다 ( )	예의 바르다 ( )
리더 기질이 있다 ( )	
엄한 부모 자아상태 소계 ( )	

● 자신의 언동이나 태도와 일치하는 자상한 부모 자아 상태(NP)에 해

당하는 모든 언동에 ∨표시를 해보시기 바랍니다.

자상한 부모 자아 상태(NP, Nurturing Parents)	
안아 올린다 ( )	칭찬한다 ( )
끄덕인다 ( )	귀여워한다 ( )
보살펴준다 ( )	용기를 북돋아 준다 ( )
볼을 비빈다 ( )	구원한다 ( )
위로한다 ( )	간섭한다 ( )
격려한다 ( )	노고를 치하한다 ( )
동정심이 있다 ( )	관용적이다 ( )
양육적이다 ( )	돌봐준다 ( )
지지해준다 ( )	마음을 쓴다 ( )
동정한다 ( )	보호한다 ( )
위안한다 ( )	배려를 한다 ( )
잘 돌봐준다 ( )	어리광을 받아준다 ( )
돕는다 ( )	
자상한 부모 자아상태 소계 ( )	

• 자신의 언동이나 태도와 일치하는 어른 자아 상태(A)에 해당하는 모든 언동에 ∨표시를 해보시기 바랍니다.

어른 자아 상태(A, Adult)	
숫자에 밝다 (　)	통계를 중시한다 (　)
냉정하다 (　)	신중하다 (　)
객관적인 행동을 한다 (　)	계획을 세운다 (　)
사실에 근거해서 행동한다 (　)	합리적이다 (　)
현실적이다 (　)	계산을 정확히 한다 (　)
사리에 맞는다 (　)	지성적이다 (　)
현상을 분석한다 (　)	이성적이다 (　)
논리적이다 (　)	정보를 수집한다 (　)
눈치가 빠르다 (　)	생각을 짜낸다 (　)
타산적이다 (　)	차가운 인상 (　)
무미건조한 느낌을 준다 (　)	냉담하다 (　)
컴퓨터와 같다 (　)	어른다운 느낌을 준다 (　)
안정된 느낌 (　)	
어른 자아상태 소계(　)	

• 자신의 언동이나 태도와 일치하는 자유로운 어린이 자아 상태(FC)에 해당하는 모든 언동에 ∨표시를 해보시기 바랍니다.

자유로운 어린이 자아 상태(FC, Free Child)	
자발적이다 (　)	자기중심적이다 (　)
본능적인 행동을 한다 (　)	충동적이다 (　)
적당히 넘어간다 (　)	적극적이다 (　)
직관적이다 (　)	제멋대로 행동한다 (　)
영감이 잘 떠오른다 (　)	타인을 존중한다 (　)
되바라진다 (　)	놀기를 좋아한다 (　)
친절치 못하다 (　)	배불리 먹는다 (　)
자유로운 감정표현을 한다 (　)	재치가 있고 재미있다 (　)
곁에 아무것도 없는 것처럼 행동한다 (　)	자유롭게 행동한다 (　)
놀고 즐긴다 (　)	자유분방하다 (　)
반항적이다 (　)	천진난만하다 (　)
창조력이 풍부하다 (　)	호기심이 강하다 (　)
제멋대로이다 (　)	
자유로운 어린이 자아상태 소계(　)	

- 자신의 언동이나 태도와 일치하는 순응하는 어린이 자아 상태(AC)에 해당하는 모든 언동에 ∨표시를 해보자.

순응하는 어린이 자아 상태(AC, Adapted Child)	
상대방의 말을 듣는다 ( )	순응하기 쉽다 ( )
다른 사람이 하자는 대로 한다 ( )	대결하지 않는다 ( )
무비판적으로 신뢰한다 ( )	자신을 불쌍히 여긴다 ( )
온순하다 ( )	잘 사양한다 ( )
알랑거린다 ( )	반항한다 ( )
상대방의 감정에 맞춘다 ( )	토라진다 ( )
품성이나 도덕을 가르치는 언동에 순종한다 ( )	아부한다 ( )
발언을 삼간다 ( )	자책한다 ( )
자신의 기분을 억제한다 ( )	순종적이다 ( )
감정을 억제한다 ( )	의존적이다 ( )
협조적이다 ( )	순진하다 ( )
타협한다 ( )	꾹 참는다 ( )
착한 아이다 ( )	
순응하는 어린이 자아상태 소계( )	

- 자아 상태의 밸런스를 살펴보기 위해 합계를 내보자.

엄한 부모 자아 상태( ) + 자상한 부모 자아 상태( ) = ⓟ( )

어른 자아 상태( ) × 2 = ( ) = Ⓐ( )

자유로운 어린이 자아 상태( ) + 순응한 어린이 자아 상태( ) = ⓒ( )

나의 변화

- 자신의 자아 상태가 어떤 타입인지 살펴보고 ⓟ, Ⓐ, ⓒ의 밸런스를 맞추기 위해서 앞으로 어떤 자아 상태를 많이 활성화시켜야 할지 생각을 써봅시다. (이를테면 ⓒ 자아 상태가 적은 사람은 ⓒ 자아 상태를 활성화시키기 위해서 어떤 언동을 많이 사용해야 할지 생각을 써봅시다.)

예: 나는 앞으로 노래방을 1주일에 한 번 간다.

변화는 빠를수록 좋다

자신의 심리적 불안정과 행동 특성이 직원에게 전염되어 동기유발에 나쁜 영향을 끼치면 안 된다. 상사가 웃으면 직원들의 분위기가 따뜻해지고 상사가 슬프거나 노여워하면 분위기가 딱딱해진다. 상사가 활력이 넘치면 직원들도 활력이 넘친다.

리더는 직원들이 자기가 하고 싶은 일을 스스로 알아서 할 때 몰입이 잘되며, 조직에서 일할 때는 항상 사회적 태만이 일어난다는 사실에 주목하면서, 조직을 이끌어 나가야 하는 어려움에 처한 사람들이다. 이를 극복하여 사회적 승자가 된 사람들은 자기를 극복한 사람들이라고 말할 수 있다.

머리가 좋고 우수한 성적으로 초중고와 대학교까지 나왔으면서도 사회생활에 적응하지 못하여 학창시절의 기대와는 너무나 다른 생활을 하고 있는 사람들이 있다. 무엇이 그들을 그렇게 만들었을까?

흔히 사회 전반적으로 만연되어 있고 반드시 고쳤으면 하는 성격행동을 가진 사람들로는 무엇 하나 혼자서 못하는 사람, 조직에 들어가서는 상사와 충돌만 하는 사람, 항상 어두운 사람, 술만 먹는 사람, 올바르지 못한 일을 하는 사람 등이 있다.

문제시되는 성격행동 특성을 몇 가지만 살펴보자.

우선 아이들을 너무 과잉보호로 키우게 되면 어떻게 될까?

아이들의 버릇이 없어지는 이유 중의 하나가 바로 과잉보호다. 중

학생이 되었는데도 신발 끈을 매어주고, 밥도 먹여주고, 심지어 숙제까지 해주는 엄마가 있다. 고등학교는 물론이고 대학교까지 치맛바람이 불고 있다. 그뿐만 아니다. 치맛바람은 군에까지 불고 기업에까지 불고 있다. 결혼생활도 예외는 아니다.

과잉보호는 자율적으로 할 수 있는데도, 그 자율성을 빼앗으면서까지 도움을 주는 행동 특성을 말한다. 자율에서 나오는 행복을 부모가 빼앗는 것이다. 이러한 과잉보호는 타인에게 의존하게끔 작용하여서 그런 환경에서 자란 아이들은 의존적이 된다. 의뢰심이 강한 사람의 특성은 타인이 의뢰심을 받아줄 때만 관계가 좋게 유지되고 상대방이 받아주지 않으면 상대방을 공격하기도 한다. 또한 의뢰심이 강한 사람은 타인에게 감정을 강요하는 경향이 있어, 자신에게 헌신적으로 정성을 다하지 않으면 크게 불만을 가진다.

상대에게 강요하고 권위적이고 비판적인 사람은 '반드시 해야 한다.'는 당위론을 즐겨 사용하는 도덕적인 사람들이다. 이들에게는 증오가 숨어 있고, 타인 앞에서 자신을 정정당당하게 표현하지 못하고, '인생은 이렇게 살아야 된다.'는 등 상대방이 'No'라고 하지 못하는 말만 골라서 하는 사람들이다. 이런 당위론자들은 자기의 기준에 맞추어 상대방이 해주기를 바라기 때문에 상대방을 희생자로 몰아가는 경향이 있다. 때때로 이들의 행동은 완벽성을 추구하고 있어 상대가 이들의 완벽성에 맞추어 생활하기란 매우 피곤하다.

남의 눈치나 보면서 자기주장을 못하는 폐쇄적인 사람들의 특징은 남들이 자기를 싫어한다고 느끼는 것이다. 자기주장을 하면 보호받지 못할지도 모른다는 불안감 때문에 자기주장을 쉽게 하지 못한다. 타인의 마음에 들기 위하여 'No'라고 말을 못한다. 타인으로부터 부탁을 받으면 거절하지 못한다. 돈을 빌려달라고 하면 빌려주고 인감도장을 찍어달라고 해도 'No' 소리를 하기가 매우 어렵다. 타인과의 마찰을 피하는 이유도 자신을 보호하기 위한 것이다. 리더가 부정적이고 부하들에게 영합하여 비위를 맞추면, 이런 사람 밑에서는 가능한 한 편하게 지내자는 기대 심리를 갖게 된다. 리더가 윗사람 눈치나 보고 부하 앞에서 불필요한 불평을 늘어놓는 경우, 부하들은 앞에서는 복종하지만 반드시 그를 배신하는 불행한 사태가 발생한다.

아주 어렸을 때부터 습득된 태도인 타인과 비교하는 습성은 고쳐야 한다. 타인과 비교는 안 된다. 항상 아이가 자기와 비교하는 습관을 가질 수 있도록 부모가 노력해야 한다. 타인과 비교하는 한 자기 부정적인 인생태도에서 벗어날 수가 없기 때문이다. 자라나는 아이들에게 부모가 물려줄 수 있는 최대의 유산은 자기와 비교하는 습성이다.

국가관이 보잘것없고 태극기를 부정하는 사람은 긍정적인 삶을 가질 수 없다. 우리나라 산업교육 초창기에 잘 나가는 강사가 있었다. 그는 '국가관 확립'이라는 프로그램을 강의하는 사람으로 프로그램을 진행할 첫 시간이나 마지막 시간에 거의 빠짐없이 들어갔기 때문에 매우 바빴다. 애국심이 바로 애사심으로 연결된다는 논리였다.

미국을 처음 방문한 사람들은 집집마다 성조기가 달려있는 것을 보고 새삼 미국인의 애국심을 생각하게 되었다고 한마디씩 한다. 미국과 같은 자유로운 나라에서도 아이가 임신을 하면 임산부에게 국가에서 교육한다고 한다. 교육 내용은 배 속의 아이는 당신 소유가 아니고 국가 재산이며 사회 공익에 이바지하는 사람으로 키워야 한다는 내용이 담겨 있다고 한다.

국가 의식이 좋으면 아이들도 잘된다. 숭실대학의 남정욱 교수는 한 일간지에서 "부정적인 역사관을 가진 아이에게 밝고 명랑하며 긍정적인 삶은 절대 주어지지 않는다."라고 강조하였다.

사회생활의 성공 여부는 올바른 가치관과 성격 행동에 달려있다. 이 책을 반복적으로 읽고 필요한 훈련을 매일 하면 반드시 변화가 올 것이다.

직원들 눈에 비친, 추방되어야 할 행동

아래 사항은 여러 기업이나 단체의 교육 중에 나온 사항으로 많은 기업이 공감하는 내용이다. 살아 움직이는 조직을 만들기 위해서 우리가 참고해야 할 사항이다.

1. 업무를 취합할 때 항상 늦게 낸다.
2. 모처럼 차분히 일할 때 방해한다.
3. 자기 업무가 아니라고 도와주지 않는다.
4. 근무시간 중에 컴퓨터 게임을 한다.
5. 자기 일을 남에게 미룬다.

6. 야근할 때 약속 있다고 퇴근한다.

7. 일도 안 하면서 야식시켜 먹고 퇴근한다.

8. 야근하자고 해놓고 도망간다.

9. 샌드위치 휴가를 간다.

10. 사적인 전화를 많이 한다.

11. 땡 하면 출근하고 땡 하면 퇴근한다.

12. 회식 다음 날 늦게 출근한다.

13. 인사를 하지 않는다.

14. 업무시간 끝나면 말도 없이 사라진다.

15. 회식자리에 꼭 빠진다.

16. 여자라는 이유로 회식 시 도망간다.

17. 술자리에서 억지로 술을 먹인다.

18. 고스톱 첫판에 가리(외상)한다.

19. 모두 짜장면을 시켜 먹는데 혼자 삼선짜장면 시켜 먹는다.

20. 노래방에서 선배 애창곡을 먼저 부른다.

누군가의 피드백이 필요하다

'타인이 우리를 보듯' 우리가 자신을 볼 수 있도록 하는 것도 피드백을 통해서 가능하다. 누군가의 피드백이 없으면 자신의 나쁜 습관을 알 수도 없고 고칠 수도 없다.

머리가 부스스한 여직원은 자신의 머리스타일이 좋았던 모양이다. 그런데 피드백 시간에 여러 사람으로부터 피드백을 받고는 깜짝 놀랐다고 한다. 머리 모양이 마치 방금 자다가 일어난 모양새와 같다는 피드백을 받았기 때문이다.

피드백은 쿨트 레빈(Kurt Lewin)의 '로켓 공학'으로부터 따온 것이다. 우주공간으로 쏘아 올린 로켓은 지구로 신호를 돌려보낼 수 있는 기제를 갖고 있다. 땅에서는 유도장치가 이러한 신호를 받아 만약 로켓이 목표지점에서 벗어나면 그 신호를 수정하여 궤도를 변경한다.

집단은 그 구성원이 스스로 설정한 목표로부터 벗어날 때 신호를 보내는 유도장치로 간주할 수 있다. 우리들은 서로가 자기에게 비친 상대방의 모습을 솔직하게 말해줄 수 있을 때, 우리는 이것을 기초로 해서 자신을 더 잘 이해할 수 있고, 나아가서는 우리들의 행동을 좀 더 나은 방향으로 수정할 수 있어서 각자의 자기 성장에 도움을 받을 수 있게 된다.

사람들은 보고 싶은 것만 보고, 듣고 싶은 것만 듣기 때문에 주관적인 착각에 잘 빠진다. 성장을 위해서는 누군가의 객관적인 피드백이 필요하다.

피드백을 할 때 유의 사항
- 피드백을 할 때는 개인의 가치나 의도가 아니라 행동에 대해서 한다.
- 습관이 아니라 변화하기 쉬운 행동에 피드백해야 한다.
- 피드백은 행동이 일어난 직후에 해야 효율적이다.

열정과 끈기로 목표를 추구한다

우리의 사고와 행동은 그것이 의식적이든 무의식적이든 어떠한 동기로부터 시작된다. 소비자가 변하고 기술이 발달하면 가치관이 바뀌고 조직이 바뀌고 조직문화도 바뀐다. 여기에 따라 동기에 관한 이론도 20년에 한 번씩 새로운 것이 나왔다. 새로운 동기이론이 나오면 리더십의 방식도 바뀌고 조직운영 방식도 바뀌게 되나, 초점은 항상 '사회적 태만의 불식'과 '근무의욕 고취'에 있었다.

조직 구성원의 사회적 태만과 열정에 관한, 링겔만(Maximilien Ringelmann)의 연구가 있다. 링겔만은 여러 명의 남자에게 하나의 밧줄을 끌게 하고 힘을 측정한 결과, 두 사람이 발휘하는 힘은 혼자서 끌 때의 93%에 불과하고, 세 명이 끌 때는 83%, 여덟 명이 끌 때는 49%의 힘밖에 사용하지 않는다는 사실을 발견했다. 여기서 링겔만은 개인의 기여도를 측정하지 않으면 사회적 태만이 나온다고 주장했다.

우리나라 산업사회의 태동기에는 동기부여 방식의 하나로 '주인의식'을 갖고 일을 하자고 했었다. 세월이 많이 흘렀지만 아직도 주인의식은 직장인에게 중요한 태도이다. 주인의식을 갖고 일을 하자는 말에는 자기가 계획하고 자기가 시행하고 자기가 검토하자는 의미도 포함되어 있다.

조직에서 성공한 사람들의 특성을 연구한 결과 항상 미래지향적이며 장기 목표를 세운 사람이 성취욕이 높았다. 한 실험에 의하면, 회사

상태가 좋아지면 전원을 복직시킨다는 조건으로 일정한 수의 종업원을 일정한 기간 해고시키되, 그 기간의 급료와 수당은 100% 그대로 지급한다고 하였다. 이때 나타난 피험자들의 반응과 행동을 중심으로 연구가 이루어졌다. 그 가운데 일정한 집단은 그날 이후 즉시 새 직장을 구해서 일을 시작했다. 또 두 번째 집단은 그냥 갈팡질팡했지만, 세 번째 집단은 유급 해고 기간을 하늘이 주신 감격스러운 진짜 유급 휴가의 기간으로 알고 놀고먹고 게으름을 피우기 시작했다는 것이다. 결론적으로 말해서 성취동기가 아주 높은 집단이 첫 번째 집단이었고, 두 번째 집단은 그저 그런 사람들이고 세 번째 집단은 성취동기가 매우 낮은 수준의 사람들이었다.

한동안은 외적 자극(보상이나 처벌)을 가지고 사람들의 마음을 움직이려고 했으나 그것이 다가 아니라는 사실을 알게 되었다. 로체스타 대학의 심리학 교수인 에드워드 데시(Edward Deci)가 이를 체계적으로 연구했다. 연구결과에 의하면 사람들이 자기 일에 전심전력을 다하기 위해서는 자신이 하는 일 자체가 본질적으로 가치가 있다고 믿어야 하고 또한, 개인이 달성하는 성과에 지나치게 규칙적인 보상을 주면 일에 대해 전심전력하는 헌신감이 떨어지고, 외적 자극(보상이나 처벌)에 의해 동기화될 때는 이 같은 자극이 없어지거나, 또는 자극이 과거와 달리 더 이상 부여되지 않을 경우에는 동기 자체가 약화된다고 주장했다.

조직에 몸을 담고 있는 직원들의 열정과 의지를 성공적으로 이끌어내기 위해서는 성취 수준이 높은 사람을 뽑아, 사회적 태만이 일어나지 않도록 목표를 명확히 하여 기여도를 공개하고 열정과 끈기를 가지고 일에 몰입할 수 있도록 여건을 조성하는 것이 중요하다. 아직도 돈이면 다 된다고 생각하는 관리자가 있다면 유념해서 읽어야 할 대목이다.

자기 의견을 관철시킨다

회사에는 다양한 회의가 있기 때문에 회의를 주재하는 간부 사원이나 자기 의견을 관철시키고자 하는 직원들은 회의에 관한 여러 가지 다양한 기법에 익숙해져 있어야 한다.

첫째, 회의를 할 때 자기에게 주의를 집중시키는 방법 중의 하나는 볼펜이나 연필을 바닥에 떨어뜨리는 수법이다.

둘째, 회의 중에 과격한 논쟁이 발생하면 그대로 몇 분간 방치를 하거나 5분 내지 10분간 휴식을 취하게 하면 다시 마음이 냉정해져 합리성을 되찾을 수 있다.

셋째, 회의를 할 때 자기 의견을 관철시켜 전체 회의의 결론으로 유도 할 경우에 무엇보다 중요한 것은 자기 의견이 관철되기를 원할수록 차분하게, 그러나 효과적으로 접근하는 방법을 알아야 한다. 자기 의견을 관철시키기 위해서는 다양한 의견이 나온 뒤에 발언하는 것이 효과적이다. 차분히 기회를 보고 있다가 의견이 다 제시되고 그 많은 의견에 모두 지쳐 있는 것처럼 보일 때 천천히 입을 여는 것이 효과적이다. 즉, '최후에 주어지는 정보원'이 가장 큰 영향력을 미친다. 김 팀장은 회의에 참석하면 다른 팀장이 각자 자기 의견을 내놓을 때 꾸준히 메모를 한 다음 회의가 끝날 무렵 그 메모를 중심으로 발언자들의 의견을 종합하여 평가하고 마지막에 자기 의견을 제시한다. 놀랍게도 이처럼 마지막에 제시하는 그의 주장은 빈번히 회의 결론으로 채택되었다.

그가 활용한 기법은 '앤더슨(N. H. Anderson) 실험'의 결과에서도 나왔다. 앤더슨은 실제로 있었던 어떤 사건을 소재로 모의재판을 진행하였는데 증인의 증언 방식에 따라서 배심원들의 판단이 어떻게 달라지는가를 실험한 것이다. 증언 방법은 변호사 측이 6회, 검사 측이 6회로 하여 일정한 분량만을 배심원들에게 행하도록 하여 한쪽의 증언을 2회, 다른 한쪽의 증언을 2회 하는 방식으로 증언을 하였다. 그랬더니 배심원들은 최종적으로 증언한 쪽에 유리한 판결을 내렸다. 그래서 앤더슨은 다시 순서를 바꾸어 한쪽을 6회, 다른 한쪽을 6회 계속하는 방식을 택했는데 여기에서도 결과는 마찬가지였다. 배심원들은 나중에 증언한 쪽에 귀를 더 기울였던 것이다.

자기 의견을 관철시키고자 할 때는 여러 가지 기법을 알고 적절한 방법을 사용하는 것이 바람직하다.

3 | 인정과 의리가 바탕이 된 조직이 강하다

그동안 해외에서 여러 가지 경영이론이 많이 들어왔으나, 우리의 조직문화인 인정과 어울려 서로 조화를 이루면서 한국적인 경영이론으로 정착하였다. 우리는 언제부터인가 대한민국의 국민으로 태어난 것을 자랑스럽게 생각하고 있으며 해외에 나가서도 당당히 어깨를 펴고 다니게 됐다. 이러한 정신적인 바탕을 가지고 있는 젊은 세대는 자신감이 넘쳐흐르며, 조직에서도 상사와 동료와 조직 내의 이탈자와 조화를 이루면서 조직 발전을 이루어 내고 있다.

그래도 인정이 많은 나라다

한국은 옛날부터 인정이 많은 나라다. 한국과 인연을 맺었던 많은 외국인이 한국인의 포근한 인정을 못 잊어 이민을 온다고 한다. 우리는 자기 고향을 자랑할 때는 푸근한 인정을 첫째로 꼽는다. 아직도 시골에 가면 까치들에게 먹으라고 남겨놓은 정겨운 까치밥을 볼 수 있고 산에 가서 식사를 할 때는 먼저 고수레를 하고 먹는다. 동네일도 서로 나누어서 공동으로 작업을 하는 두레 풍습이 발달했다. 봉사를 나갔던 대학생들이나 농촌에 여론조사를 나섰던 사람들도 한결같이, 농촌의 후한 인심에 대해 이야기한다. 오늘날 서구의 물질문명이 들어와 세상이 많이 각박해졌다고 하나 푸근한 인정을 그리워하는 사람들이 사는 한 한국에서 그렇게 쉽사리 인정이 사라질 것 같지는 않다.

인정은 우리의 대표적인 문화상품이다. 인정을 중시하는 한국인의 의식구조에 세계가 주시하고 있다. 영국의 경제주간지의 신년호에는 '인정 있는 인간관계'라는 제목으로 인정을 경영에 접목시킬 때 엄청난 능률을 올리게 될 것이라는 기사를 특집으로 다루면서 한국인의 인정에 주목했다. 타산적인 관계로는 비타산적인 인간관계가 바탕이 될 때의 능률을 따라갈 수가 없음을 인지한 것이다.

한 연구 보고서에 의하면 같은 단위시간 안에서 기계적으로 하는 작업량과 성의껏 정성을 다해서 자발적으로 한 작업량은 최고 350%의 차이가 난다고 했다.

은퇴자들과 만나 옛날 추억을 이야기하다 보면 인정과 의리에 관한 이야기를 많이 하는데 그 중 무엇이 후회되는지를 들어보면, "너무 그렇게 야박하지 않아도 되었을 것을", "좀 더 잘해줄 것을…"하면서 회상하는 사람들이 많았다.

파이팅 코리아!

미국 언어학자 로버트 램지(Robert Ramsey) 교수는 "한글보다 뛰어난 문자는 세계에 없다. 세계의 알파벳이다."라고 한글을 극찬했으며, 오바마(Barack Obama) 대통령은 한국의 교육에 대해 수도 없이 칭찬을 하였다. 인기 드라마 〈대장금〉은 지구를 한 바퀴 돌면서 각국의 안방극장을 누볐다. 한국의 싸이는 세계적인 가수가 되었다.

예전에는 외국에 갔을 때 길거리에서 사람을 만나면 "Are you Japanese?"라는 질문을 받았는데 이제는 말춤을 추면서 반겨주는 사람들을 가끔 만날 수 있다. 젊은 청년이 세계 IT 분야의 젊은 혁신인 35인에 선정되기도 하고, 삼성 스마트폰은 애플과 쌍벽을 이루고 있고, 예전에는 꿈도 못 꾸었던 피겨스케이팅에서 올림픽 사상 최고의 점수를 받는 등 각 분야에서 대한민국은 두각을 나타내고 있다.

예로부터 한국인은 꾀가 많고 부지런하며, 슬기롭고 근면하고 참을성이 많고 끈기가 있는 민족이라고 한국을 아는 외국인들이 평가했다. 매킨지의 도미니크(Dominic Barton) 회장은 한국인은 야망의 수준이 높고 매우 공격적이라고 했다. 모호함과 씨름하면서 강력하게 실행하는 능력을 한국에서 배웠다고 한다.

엄마가 한국인이며 하버드대학에서 공중보건을 전공한 마리사 리릭스(Mariesa Lee Ricks)는 과학기술의 발전과 문화의 역동성이 살아 숨 쉬는 곳, 한국의 역동성이 어디서 왔는지 배우고 싶다고 했다.

15세기 당시 조선의 과학기술은 세계 정상 수준이었다고 한다. 일본의 과학기술사 사전에 의하면 1400~1450년 세계 과학기술 업적이 총 62건인데 조선이 29건, 중국이 5건, 일본은 없고 기타 국가가 28건이라고 한다. 당시 세종의 집현전 학사 99명 중 21명이 과학기술자였다고 한다.

런던대학의 도이 힐러(Martina Deuchler) 교수는 '공동체를 중시하고 물질에 집착하지 않았던 조선 시대 사람들의 자세는 현대사회가 안고 있는 여러 가지 문제를 해결하는 데 도움이 될 것이다.'라고 말했다.

한국인에게는 조건만 충족되면 물불을 가리지 않고 열심히 일하는 신바람 기질도 있다. 우리는 목표만 있으면 신바람이 나는 민족이다. 독일보다 한국에서 생활한 기간이 더 길어졌다고 하는 이참(전 한국관광공사 사장)은 강연 중에 한국의 강점은 철학자와 학자들이 나라를 천 년 동안 다스린 점을 꼽았다. 한국의 건축이나 음식 등에 철학과 과학이 배어 있다고 했다. 특히 한국인은 공동의 목표가 있을 때는 단결한다는 점을 간파했다. 세계 최대의 생산성 잠재국가인 우리에게 목표가 주어진다면 세계최대의 생산성 국가가 되리라는 사실을 알아차린 것이다.

이규태의 『한국인의 의식구조』에서 그는 한국인 특유의 정신문명의 하나로 '돌관(突貫)작업'[10]을 꼽았다. 잘 가꾸기만 하면 앞으로 '돌관작업'이 국제사회의 물질문명에 이바지하게 될 것이라고 강조했다. 노동력의 비타산(非打算) 성향은 한국만이 지닌 경영의 보고이며, 우리가 정으로 뭉치는 요소 중에는 비타산 성향이 절대 요소로 작용한다고 강조했다.

식민지 통치 방법 중의 하나는 그 민족이 보잘것없는 열등 민족이라는 의식을 심어주는 것이라고 한다. 우리 할아버지와 할머니들은 그렇게 36년 동안 당했다. 그러나 자라나는 세대는 다르다. 자랑스러운 대한

---

10) 돌관작업이란 작업시간, 작업능률, 작업량을 과학적으로 빨리 해낼 수 있는 시간보다 훨씬 앞당겨 해내는 기적적 작업을 뜻한다.

민국이 마음속에 있다.

에이미 추아(Amy Chua, 예일대학 로스쿨 교수)는 『트리플 패키지』에서 우월감, 불안감, 절제력을 성공의 3종 세트라고 주장했다. 에이미 추아에 의하면 한국인은 성공의 3종 세트를 갖춘 민족이라고 한다. 민족적 정체성에 의한 우월감도 있고 외세침략에 의한 불안감도 있으며 절제력의 상징인 근면성도 있다고 했다.

상사는 유형별로 대응한다

직장인의 90% 이상이 직장에서 스트레스를 받는다고 한다. 그런데 그 스트레스의 주범은 상사라고 한다. 상사의 비효율적인 리더십이 문제가 된다. 그래서 직장인들에게 상사를 잘 만나는 것은 하나의 복이 된다. 승진도 빨라질 수 있고 호봉 승급도 할 수 있다. 특별 호봉승급도 따먹을 수 있다. 그러나 상사를 잘못 만나면 인사고과 하위 5%에 들어가서 해고 예정자 리스트에 등장할 수도 있다. 그래서 이순신 장군은 "군대는 강한 군대, 약한 군대가 따로 있는 것이 아니라 오직 장수가 유능한가, 무능한가에 달려있다."라고 했다.

상사는 부하의 육성보다는 자신의 출세와 안위를 더 걱정하는 경향이 있다. 자기가 더 편해지고 싶어서 부하를 달달 볶는 경우도 있고, 윗사람으로부터 인정을 받고 싶어서 아래 사람의 공을 가로채는 경우도 종종 볼 수 있다. 어느 상사하고는 죽이 잘 맞는데 어느 상사하고는 관계가 좋지 않은 경우도 있다. 상사마다 가치의식과 사람 됨됨이가 다 다르기 때문일 것이다. 여기에는 몇 가지 타입이 있고, 타입별 대응이 다 다르다. 만약 자기 스타일대로 윗사람을 모시면 자기중심이 되어 실패할 확률이 높아진다고 하겠다.

상사의 유형별 대응방법을 살펴보자.

첫째, 사람보다 일에 관심이 많은 과업중심형이다. 이런 상사는 항상 일 중심으로 대응을 해야 한다. 일과 관련된 정보를 제공하면 좋아하고 특히 사내의 루머같은 것을 제공해 주면 좋아한다. 상사의 규칙과 기준에 맞게 처신을 해야 한다.

둘째, 일보다 사람에 관심이 많은 관계중심형이다. 인맥을 중시하며, 일이 잘되지 않으면 인간적인 관계로 극복하려고 한다. 인정이 많고 의리를 중시한다.

셋째, 일과 사람에 관심이 많은 이상형이다. 이런 상사는 일에 관한 좋은 제안을 아주 좋아하고, 비판보다는 대안을 제시하는 부하를 좋아한다. 인간관계에서 협동성을 중시한다.

넷째, 위아래가 분명한 무기력형이다. 맡겨진 일에 무사안일하게 해나가는 타입이다. 스트레스가 많아서 자신의 불만을 경청해 주면 무척 좋아한다.

자기 방식대로 상사를 대하면 실패할 확률이 높다. 상사가 무엇을 원하는지 잘 파악해야 한다. 상사가 직원들을 좋아할 때는 다 이유가 있다. 모든 사람을 다 좋아하지는 않는다. 상사의 취향을 정확히 파악하고 대응하면 회사생활이 편하고 즐거워진다. 상사가 스트레스의 원천이 아니라, 협력자가 될 수 있도록 노력하면 승자가 된다.

고독한 이탈자를 보호한다

회의를 하다 보면 자기 의견을 접어두고 타인의 의견을 좇아가는 경우가 대단히 많다. 평소에 잘하는 사람이니까, 박사니까 하면서 별생각 없이 상대의 의견에 따라간다. 더구나 자기가 바른 결정을 하였음에도 불구하고, 많은 사람이 선택한 결정이라면 제 의견을 접어두고 그 의견에 따라가는 경향이 있다. 이러한 회의 태도는 기업조직에서 흔히 일어나는 경우로, 다수의 잘못된 의견이 집단 압력으로 작용하여 소수의 의견을 무시하는 사례이다.

〈12 Angry Man〉이라는 흑백 영화가 있다. 살인 혐의를 받고 있는 흑인 소년을 재판하는 영화이다. 검사와 변호사 측에서 증거를 대면서 변론을 하고, 변론이 끝난 다음 배심원 12명이 죄의 유무를 논하기 위하여 토론을 하는 장면이 이야기 대부분을 차지한다. 이때 배심원 한 사람이 유죄를 주장하자 다른 사람들은 덩달아 유죄라고 동조하였다. 한 사람만이 반대를 하였다. 이 사람은 다들 별 토론 없이 유죄라고 한 데 이의를 제기하면서, 정식으로 토론하고 싶어서 반대를 했다. 이렇게 토론이 시작되었고 토론을 거듭한 결과 결국 만장일치로 무죄가 되어 흑인 소년이 석방되는 내용이다.

집단 압력 하에서 자기주장을 한다는 것은 매우 힘든 일이다. 한 사람은 다섯 명을 상대하기도 어렵다. 특히 그중에 박사라든가 전문가가 있으면 더욱 그러하다. 하물며 한 사람이 십여 명을 상대하기란 정말 여간한 배짱이 아니면 어렵다. 이때 우리가 주의할 것은 한 사람의 주장이 옳으면 다 같이 마음을 모아 그 사람에게 협력해주어야 한다는 점이다. 따라서 의사 결정 시 다수의 의견도 중요하지만 소수의 창의적인 의견도 존중하는 분위기를 만드는 것이 효율적인 경영 풍토를 조성하는 데 얼마나 중요한가를 간과해서는 안 된다.

조직에서 동조자가 비동조자 또는 이탈자보다 더 큰 환영을 받는 것은 사실이다. 따라서 사람들은 대부분 동조자로서의 행동을 의식적으로 취하고 있다. 그러나 회사의 연구개발과 같은 부서에서는 창의적인 고독한 이탈자가 있어야 회사 발전이 가능하다. 이들도 잘 추슬러 능력을 발휘하게 만들어야 회사가 발전한다.

4 | 리더는 조직의 기본원리에 강하다

한두 사람의 나태와 불평불만이 주변을 오염시키기 시작하고, 조직 내에 정체불명의 소문이 떠돌고, 내부 조직과 계층이 하나둘 늘기 시작하면, 조직이 병들고 있다는 징조이다. 이때 바로 처방을 해야 한다.

건강한 조직과 병든 조직의 차이는 조직에 문제가 있을 때 바로 치유하는가 아닌가에 달려있다. 10년 전이나 지금이나 문제가 똑같다고 하면 어떻게 될까? 조직이 붕괴되지 않을까?

일상의 미묘한 변화에 민감하다

미세한 변화가 쌓여 문제가 발생할 때까지 조직에서 방치하면 결국 조직에 수술이 필요해진다. 미세한 변화를 사람들이 인지하기 전에 리더가 먼저 대책을 세우면 건강한 조직이 된다.

리더는 미세한 변화가 쌓이고 쌓이면서 일어나는 엄청난 변화에 주목해야 한다. 몇십 년 동안 앉은 자세가 좋지 않다 보니 등뼈까지 휜다. 미세한 자극이 결국은 등뼈까지 휘어지게 만든다.

마음의 미묘한 변화는 눈에 보이지 않고 느껴지지도 않는다. 그러나 마음의 변화는 미세한 변화가 쌓이고 쌓이면서 생긴다. 하루아침에 성격이 달라지지는 않는다. 미세한 변화가 쌓이고 쌓여야만 변한다.

애초에 우리의 성격은 유전, 또는 학습에 의해서 만들어졌다. 아기가 갓 태어나면서부터 부모는 이래라저래라 하면서 학습을 시킨다. 3년 동안 10,000번 이상 이래라저래라 하니 학습이 된다. 그것이 쌓이고 쌓여 결국 하나의 큰 성격 줄기를 형성한다.

작은 일상의 변화에 주목하는 것이 중요하다. 큰 병이 생기기 전에는 반드시 사전 경고라고 볼 수 있는 증세가 있듯, 사람들이 큰일을 저지르기 전에는 반드시 작은 징조가 있다.

조직의 병폐도 조직풍토의 미묘한 변화로부터 출발한다. 특정인에 밀착하는 파벌 현상이 일어나면 자신이 해야 할 일에 의욕이 저하되며, 상대적으로 적대관계에 놓일 경우엔 선의의 경쟁보다는 비방과 모함, 자기합리화로 진실을 호도하는 현상이 생긴다.

부서장 간의 헤게모니 쟁탈전 또는 자기중심의 조직 파워를 만들려는 독점 관리의 발상도 처음에는 미묘한 변화를 일으키나 이것이 쌓이고 쌓이면서 조직의 알력이 심화되고, 결과적으로 직원들의 의욕상실, 눈치 보기, 책임회피 같은 현상이 생긴다.

직원들의 가치관 흐름에서 미묘한 변화를 감지하면 성공적인 동기유발 전략을 세울 수도 있다.

긍정 심리학이 세상에 나오면서 사람들의 의식과 조직에도 변화가 오고 있다. 과거의 심리학이 인간의 부정적인 측면 즉, 심리적 결함과 장애에 관심을 기울여 왔다면 긍정 심리학은 인간의 긍정적인 측면을 과학적으로 탐구하는 새로운 분야이다.

긍정 심리학의 영향으로 사람이나 조직도 문제에 집중하기보다는 성공 요인에 주안점을 두고 자신의 역량을 파악하는 쪽으로 변하고 있다. 강점을 인정하는 조직문화로 조직이 바뀌고 있다.

기업이 바뀌고 있고 대학도 바뀌고 있다. 미국의 한 경영대학원에서는 '최고의 나 찾기 운동'을 교과과정으로 채택하여 학생들의 재능을 계발해 준다.

환자 치료도 바뀌고 있다. 오랫동안 약물중독에 시달려온 환자가 긍정적 역량에 집중함으로써 약물중독에서 벗어나는 데 효과를 보았다고 한다.

끓는 냄비 물속에 들어가 있는 개구리는 온도 변화의 차이를 감지하면 살 수 있고 그렇지 못하면 익혀 죽고 만다. 리더가 조직이나 사람의 아주 미세하고 미묘한 변화를 알아채지 못하면 경쟁에서 승자가 될 수 없다.

조지 데이(George S. Day, 와튼스쿨 교수, 전 미국 마케팅협회장)는 "경쟁에서 이기는 기업은 경쟁자보다 빨리 시장의 중요한 변화를 알아내는 능력에서 다른 기업과 차별화된다."라고 하였다.

미묘한 변화

● 지금 방 안을 휙 둘러보고 새롭게 눈에 띄는 물건이나 대상을 10개
적어보시기 바랍니다.

_____

_____

_____

_____

_____

_____

_____

일에 의미를 부여하면 조직은 발전한다

'이 세상에서 가장 즐겁고 훌륭한 것은 전 생애를 통해서 일을 갖는 것이며, 이 세상에서 가장 쓸쓸한 것은 할 일이 없는 것이다.'라고 어느 선각자는 말했다. 인간은 일을 해야 건강하고 기쁨도 느낀다. 직업은 생활의 방편이 아니라 생활의 목적이다. 일한다는 것은 인생의 가치요, 기쁨이며, 행복이다. 70대의 할아버지와 할머니에게 전 생애를 통하여 제일 행복했던 시절이 언제였냐고 물어보면, 70대의 할아버지는 일을 할 때가 가장 행복했었다고 말하고, 할머니는 아기를 돌봐줄 때가 가장 즐거웠다고 말한다. 그렇다면 우리가 일을 할 때 어떤 자세와 태도로 일을 해야 될까?

무엇보다도 같은 일을 하더라도 긍지를 가지고 일을 해야 할 것이다. 어떤 일에서 불만을 갖고 불평을 하는 사람은 근무 의욕이 없고 사기가 저하되어 있다. 자기가 하는 일을 '지루하고 따분한 일', '별 볼 일 없는 일'이라고 과소평가한다면 일에 성과가 없을 뿐만 아니라, 주위 사람들에게까지 확산되어 조직의 생산성을 저하시킨다.

자기 직장을 사랑하고 자기 일에 대하여 긍지를 갖는 사람은 자기 직장을 남 앞에서 스스럼없이 자랑하고, 직장 분위기에 만족하면서 이를 보호하려고 하는 사람들이다. 자기가 하는 일을 재미있게 타인들에게 이야기하며, 일에 대한 성취 경험담으로 이야기꽃을 피우는 사람들이다.

러시아 극작가 고리키(Maxim Gorky)는 "일이 즐거우면 인생은 낙원이다. 일이 의무라면 이 세상은 어둠이다."라고 말했다.

회사에서 영업교육을 받고 나서 대개 첫 6개월 동안은 누구나 정신없이 뛰어다니기 때문에 매출에서 별로 차이가 일어나지 않는다. 그러다가 6개월 후부터 한 집단의 영업사원은 이렇게 열심히 일을 하면 그 이득은 누가 볼까 하는 의구심이 들면서 자기 수익이 최대로 들어오는 적당한 선으로 매출고를 올려놓은 다음 더 이상 뛰지 않는다. 그런가 하면 다른 부류의 영업사원도 있다. 그는 매출 자체에는 별 관심이 없고 판매가 재미있고 사람들과 만나는 것이 좋아 성실히 판매하다 보니 자연히 고객도 늘고 매출도 높아지고 주변 사람으로부터 인정도 받는다. 이런 영업사원은 한 달에 남보다 두 배가 넘는 매출을 올린다.

자기 일에 긍지를 가지고 일을 사랑하고, 하고 싶기 때문에 일을 하여 일에 흠뻑 빠져드는 사람들이 있다. 이런 사람들이야말로 스스로의 만족도가 높고 성공의 기회도 많다. 어차피 일을 한다면 스포츠처럼 하는 것이 바람직하다. 아무리 고통스럽고 재미없는 일이라도 기분을 내서 흥겹게 한다면 즐거워질 수 있다.

다음으로 중요한 것은 위대한 사명감을 가지고 일을 하면 돈으로 얻을 수 없는 막강한 힘을 발휘하게 된다. 사람들이 돈을 벌기 위해 일하는 것은 틀림이 없지만, 사명이 있느냐 없느냐에 따라 일하는 태도에는 많은 차이가 난다. 자신이 하는 일은 의미의 발견과 의미의 부여에 따라 달라질 수 있다. 자기가 하는 일에서 발견하는 의미는 객관적인 것으로, 그 누구도 아닌 바로 자신이 찾아야 하고, 선택해야 한다.

회사에서 일을 할 때는 적당히 대충대충 하루를 때우는 식으로 최선을 다하지 않을 수도 있다. 그러나 막상 회사를 떠날 때쯤 되면 '내가 좀 더 열심히 하였더라면' 하고 아쉬움을 남기기도 한다. 회사를 그만둔 사람들 대부분은 회사에 있을 때 밤새워 일을 하며 갖은 고생을 다 했던 시절을 회상하면서 그때를 자랑스럽게 생각한다.

하나의 일을 해도 최선을 다해서 일을 하느냐 안 하느냐는 그 일의 가치에 대한 자신의 생각에 달려있다. 이것은 금전에 의해 좌우되지 않는다. 자기가 하는 일에서 의미를 발견하고, 그 속에서 인생을 살아가는 의미를 터득한 사람이 최선을 다한다.

돈과 명예와 권력이 삶의 최종 목적이며, 최상의 목표인 것은 아니다. 필요한 것은 일하는 자체의 재미와 의미의 발견이다. 이것이 충족될 때에 성공의 열매가 선물처럼 결실을 맺는다. 일에 의미를 부여하고, 긍지와 사명감으로 일을 하는 사람은 일하는 태도가 다르다.

동조는 건강한 조직풍토를 만든다

사람들이 하늘을 쳐다보거나 다리 밑을 내려다볼 때 따라 한 경험이 있을 것이다. 이것을 '동조'라고 한다. 백화점에서 바겐세일을 한다고 해도 사람들이 웅성거리지 않으면 가고 싶지 않다. 그래서 동조의 심리를 이용하기 위해 백화점에서 고용한 바람잡이가 물건을 사는 척하면 사람들은 왠지 가고 싶고 사고 싶어한다. 동조란 '실제 또는 가상의 인물이나 집단으로부터 압력을 받아 자신의 행동이나 의견을 바꾸는 것'을 말한다.

　미국의 유명한 광고 심리학자인 스티븐 베이커(Steven Baker)가 동조 경향에 관한 실험을 하였다. 레스토랑에서 근무하는 두 명의 여직원에게 한 사람은 팁을 받는 쟁반 위에 10센트의 은화를 놓게 하고 다른 사람은 25센트의 은화를 놓게 하였다. 두 시간 동안 손님들을 접대하고 난 뒤에 보니 10센트 은화를 올려놓은 여직원의 팁 쟁반에는 10센트짜리만 놓여 있었고, 25센트의 은화를 놓은 팁 쟁반에는 25센트짜리만 놓여 있었다. 손님들이 식사를 하고 나가면서 팁을 결정할 때 먼저 나간 사람들의 수준에 맞춰서 행동을 한다는 것을 여기에서 알 수 있다.

　역시 남을 따라 해야 우선 마음이 편하다. 회사에서 축의금을 써 낼 때도 앞사람을 따라 하면 무난하고 동창회 후원금을 낼 때나 정치 후원금을 낼 때도 경쟁사를 따라 하면 별 탈이 없다. 이처럼 사람들이 동조하는 심리적 메커니즘이 생기는 것은 다른 사람과 같은 행동을 하는 데서 안정감을 얻고, 또 집단 기준에서 이탈하지 아니함으로써 '사회적 고립자'가 되지 않으려고 하기 때문이다. 우리나라와 같이 공동체를 중시하는 유교문화권에서는 체면이나 동조 압력이 더 크게 작용한다. 우리는 자기 주장이나 감정을 억제하고, 자신이 속해 있는 집단 분위기에 동조하려는 경향이 있다.

　회사의 집단 분위기도 이런 동조에 의하여 형성되고, 형성된 분위기는 집단 압력으로 작용하여 사람들의 행동이나 태도에 영향을 끼친다. 집단 규범에 어긋나는 행동이나 태도를 보이면 손가락질을 받거나 따돌림을 당한다. 여기에 따라 회사는 연구하는 분위기, 게임하는 분위기, 활기찬 분위기, 침체된 분위기, 어두운 분위기, 밝은 분위기, 서로 헐뜯는 분위기, 서로 배려하는 분위기 등 각기 독특한 조직문화를 형성한다.

동조자가 되지 않으려면 많은 정보가 있어야 하며, 자신감을 가지고 이탈자가 되는 것을 두려워하지 말아야 한다. 또한, 눈앞의 이익에 얽매이지 말고, 사익보다는 공익을 우선시하여야 한다.

기업에서 직원들이 창조적이고 적극적이며 애사심에 불타는 분위기에서 근무하도록 기업문화를 창조하는 것은 대단히 중요하다. 그 이유는 이와 같은 조직문화가 자리 잡으면 새로 들어오는 신입사원들도 자동으로 동화되어 긍정적인 방향으로 태도를 형성하고 행동을 할 수 있기 때문이다. 직원들이 열심히 일을 하는 것은 상관의 압력보다는 동료들이 얼마나 열심히 일을 하느냐에 달려있다. 집단의 규범이 일의 질과 양에도 영향을 미친다는 뜻이다.

모 자문 회사의 기획실에는 감사 업무, 경영분석 업무, 인력관리 업무 등 5개의 부서가 있었는데 4개의 부서는 아침에 출근하자마자 신문을 보고 있었다. 사장이 부르면 가고 그렇지 않으면 신문을 보고 있었다. 실내 분위기는 조용하다. 나머지 한 개 부서는 신설된 부서라 그런지 열심히 일을 했다. 그러나 가끔 동료들이 와서 "뭘 그리 열심히 하느냐?"고 호기심 반, 핀잔 반으로 힐끔 들여다보고 갔다. 그러자 이 부서도 얼마 가지 않아 아침에 와서 신문을 보기 시작했다.

조직이 긍정적인 분위기라야 회사가 발전할 수 있다. 악화가 양화를 몰아낸다면 큰일이다. 직원들의 위기극복 성공담이나 어려운 경쟁 속에서 판매에 성공한 이야기, 천신만고 끝에 제품개발에 성공한 직원의 이야기 등을 회사에 확산시켜 많은 직원이 이를 동일화 대상으로 삼으면 회사 분위기가 긍정적으로 바뀌어나갈 것이다.

직원이 늘어나는 것은 조직의 생리다

조직이란 무엇인가? 두 사람 이상이 모이고 거기에 목표만 부여하면 조직이 된다. 서울역 앞에는 많은 무리가 있다. 여기에 목표를 부여하면 이 목표는 공동 목표가 되고, 사람과 사람 사이에는 공동 목표를 달성하기 위한 상호작용이 일어난다. 이때 각자가 지닌 목표는 이 공동 목표보다 하위목표가 된다. 그런 다음 공식적으로 임명을 하던 임명을 하지 않던 리더가 탄생하고 리더는 제일 먼저 각 개인에게 역할을 주게 된다. 리더와 멤버 사이에는 의사소통, 동기부여, 의사결정과 같은 조직운영 사항이 일어나고, 이렇게 하나의 조직이 되면 조직은 살아있는 생물처럼 움직인다.

그런데 조직의 생리는 관리를 하지 않으면 인원이 자꾸 늘어만 간다는 것이다. 조직에서 근무하는 사람은 업무량과 관계없이 사람들을 더 많이 확보하려고 노력하며, 만약 사람을 확보하면 그 사람은 다시 목표와 관계없이 일을 만들어 하게 된다는 것이 유명한 파킨슨(Cyril N. Parkinson) 법칙이다.

파킨슨 법칙에 의하면 '공무원은 부하의 수가 늘기를 바라고, 또한, 자기들 서로를 위해서 일을 만들어서 한다.'고 한다. 예를 들어 업무량이 좀 많다고 생각하는 공무원이 있다고 하자. 실제로 업무량이 많은 것은 둘째로 하고, 일단 그 원인이 몸이 좀 불편해서 나오는 것이라고 하자. 이때 이 사람이 취할 수 있는 방법은 사퇴를 하든지, 업무량을 옆 사람과 분배하는 방법이 있지만, 실제로 이러한 일은 거의 일어나지 않으며 그가 취한 행동은 인원을 충원하는 것이다.

직원의 숫자가 증가하면 기업조직도 거대해진다. 조직이 커지고 인원이 증가하면 조직 병폐가 일어나기 시작한다. 관료주의, 형식존중주의, 무사안일주의, 불필요한 조직계급의 증가, 내부조직의 증가 등이 일어나고 이는 조직의 능률을 저하시킨다.

전 세계 수억 명의 가톨릭 신자들을 관리 운영하는 데 단지 5개의 계층 즉 교황, 대주교, 주교, 신부 그리고 신자만 있다는 사실에 주목할 필요가 있다.

세일즈맨은 생각, 감정, 요구를 파악하는 전문가다

터키에 갔을 때 경험한 일화이다. 터키는 가죽옷이 유명하다고 하여 집사람에게 하나 사주고 싶었다. 마침 가이드가 유명한 양가죽 공장을 견학 간다고 한다. 양가죽 매장은 그리 크지는 않았으나 잘 정리되어 있었다. 매장을 둘러보다가 눈에 띄는 것이 있어 한참 들여다보다가 가격을 물으니 백팔십만 원이라고 했다. 지나가는 말로 팔십만 원이면 사겠다고 했다. 물론 점원은 당연히 안 된다고 했다. 그러면서 최소한 백이

십만 원은 줘야 한다고 당겼다. 물론 나는 들은 척도 안 하고 나가려고 하는데 다시 백만 원만 달라고 하여, 다시 한참 들여다보다가 나는 팔십만 원이면 사겠다고 힘주어 말했다.

우리 일행이 거의 다 빠져나가고 시간도 별로 남지 않았을 때였다. 점원은 한참 계산을 해보더니 좋다고 했다. 그때 집사람이 옆에서 육십만 원이 아니면 안 사겠다고 했다. 매장에는 일행 중에서 우리만 남아 있었다. 서둘러 매장을 나가 버스를 타려고 하는데, 거기까지 점원이 따라나와 좋다고 하면서 육십만 원만 내라고 했다.

집사람은 한 번도 물건을 깎아 본 적이 없었는데 어디서 그런 뱃심이 나왔는지 내심 놀라웠다. 내가 점원에게 'Good salesman'이라고 하니까, 점원은 나에게 'Good customer'라고 응수한다. 나는 이 점원이 상대의 생각, 감성, 니즈(요구)를 파악하는 전문가 같아 Good salesman이라고 했었다. 점원도 만족한 모양이다.

기업의 직종 중에서 제일 어려운 것이면서도 누구나 할 수 있다고 생각하는 직종 중 하나가 세일즈맨이다. 그러나 세일즈맨은 상대의 생각, 감성, 니즈(요구)를 파악하는 협상 전문가다. 아무나 할 수 있는 직종이 아니라 매우 어려운 직종 중의 하나다. 최근에 박명래의 『협상 시크릿』를 읽어본 뒤로는 백화점이나 마트에 가면 무조건 가격을 홍정해 본다. Good salesman을 찾고 싶어서다.

못다한 말, 하고 싶은 이야기

나는 내가 연기할 수 없을 때 연기 제의를 받았다.

내가 노래할 수 없을 때 '화니 페이스'를 부르라는 제의를 받았다.

내가 춤출 수 없을 때 프레드 아스테르와 춤추라는 제의를 받았다.

그밖에 내가 준비되지 않았던 모든 종류의 것들을 제의받았다.

그때마다 나는 미친 듯이 달려들어 그것을 해내려고 노력했다.

-오드리 헵번(영화배우)

그동안 원 없이 많이 강의를 했다. 제주도, 거제도를 포함하여 우리나라 방방곡곡 강의하러 안 가본 곳이 없고 다양한 교육대상을 두고 강의를 했다. 중소기업부터 대기업까지, 생산직부터 임원까지, 일반 행정공무원, 경찰공무원부터 농업기술자나 병원 근무자를 상대해서 교육을 했다. 물론 대학원 강의도 했다. 교육 의뢰가 들어오면 대상의 니즈(요구)에 맞추도록 많은 노력을 했다.

나는 '산업훈련강사'가 좋다. 아주 오래 전에 아들 담임선생이 만나자고 해서 학교에 갔더니, 선생은 직업이 뭐냐고 물었다. 산업훈련강

사라고 하니까, '아~네~산악훈련이요' 하면서 씩 웃는다. 실상 내 직업을 설명하기가 좀 어려웠다. 그래서 아직도 친구들이 내가 무엇을 하고 있는지 정확히 알지 못한다.

강의는 강의인데 우리가 상식적으로 아는 일반적인 강의와는 조금 다르다. 강의 시간도 제약을 받아 2시간짜리 강의보다는 5시간 이상은 되어야 강의를 자유롭게 할 수 있다. 역할연기, 사례연구 등 교육기법을 마음대로 구사하여 강의를 하려면 적어도 5시간 이상은 주어져야 한다.

10시간은 보통이고 길게는 4박 5일을 교육한 적도 있다. 교육대상이 적어도 6명은 돼야 교육을 시킬 수 있고, 50명이 넘으면 교육시키기가 어려우며 교육 효과도 떨어진다. 2,000명을 1박 2일씩 교육시키려면 6개월도 더 걸린다. 그래서 가수가 제일 부럽다. 한 번에 한 명부터 수만 명을 감동시킬 수 있으니 정말 부럽다. 그래서 이번에 큰마음 먹고 욕심 내어 책을 내자고 마음먹었다. 책을 읽은 수만 명에게 변화를 주기 위함이다.

대학시절 심리학이 도대체 뭐하는 학문이냐고 이진숙 교수님에게 질문을 하니까, '인간의 행동을 예언하는 학문'이라고 명쾌하게 말씀해 주셨다. 그 뒤 이 교수님의 말씀은 내 인생에서 마음의 좌표가 되었다.

가노 선생(일본교류분석협회장)은 프로그램이 많아야 사무실이 유지가 된다고 하면서 여러 가지 자료와 노트까지 주었다. 이렇게 정을 뿌리고 가신 분이 있었기에 그동안 산업훈련 교육을 무난히 할 수 있었다.

산업훈련강사는 편안히 강의만 하는 직업은 아니다. 교육생이 술에 취해 해롱대는 경우도 있었고, 영향 받고 싶지 않다며 뒤로 앉아 있는 사람도 있었고, 단식 중인데도 강의해야 하는 경우도 있었고, 대기발령자만 교육하는 경우도 있었고, 파업 후 분위기 쇄신을 위한 교육도 있었다. 대상이 누구든 그들의 니즈에 맞추어 교육해야 하는 어려움이 있었다.

그동안 교육을 하면서 제일 어려운 도전은 '변화의 흐름을 감지시키는 것, 인식의 차이와 상대를 판단하지 않는 것, 그리고 마음 속 깊이 자리 잡고 있는 트라우마를 해결하는 것'이었다.

주로 변화를 위한 교육을 많이 했으나 자신의 문제까지 해결하려면 일상훈련이 필요함을 절실히 느꼈다. 우리가 흔히 알고 있는 것 또는 새롭게 깨달은 것도 그냥 내버려두면 자기 것이 되지 못한다. 일상적인 훈련을 해야만 내 것이 된다.

자신의 심리적인 문제는 고쳐야 한다. 나이가 한 살이라도 적을 때 고쳐야 한다. 방법은 일상훈련밖에 없다. 문제에 대한 핵심을 알고 일상훈련을 계속하다보면 심리적인 문제점은 고쳐진다. 심리적인 문제가 고쳐지면 우리 마음은 평화와 안정과 즐거움을 찾게 된다. 우리 마음에 변화가 없는 것은 아직 자기 문제에 대한 통찰이 없거나 일상적으로 매일 훈련을 하지 않은 결과이다. 조직도 문제를 방치해서는 안 된다. 방치된 문제는 반드시 조직력을 약화시킨다. 조직에는 항상 문제가 있다. 그 문제를 하나하나 고치는 회사가 좋은 회사다.

사고의 변화, 행복한 마음의 유지, 관계의 변화, 그리고 원칙과 포용과 정직성을 아우르는 리더십은 강의만 듣는다고 되는 것은 아니다. 끊임없는 훈련이 우리를 승자로 만들어준다.

여기까지 읽어주신 모든 분들에게 진실로 고마움을 전한다. 이 책을 읽고 닌 후 미음에 변화를 일으켜 마음과 마음이 모인 조직에서 승자가 된다면 그보다 더 기쁜 일이 없을 것 같다.

지난 세월을 회상해보니 너무나 고마운 사람들이 많다.

지금까지 접촉한 많은 사람들에게 감사 드린다. 많은 사람과의 접촉 속에서 무엇이 안타까운지, 무엇이 부족한지, 무엇이 필요한지를 알았기에 이 책을 쓸 수 있었다.

그동안 이 책이 나오기까지 격려를 해준 김용발 사장, 항상 좋은 원고를 위해 수차례 자문에 응해준 김재철 사장과 김이철 사장, 그리고 이번생 목사와 조기년 교수에게 감사를 드린다. 바쁜 중에도 추천의 글로 책을 더욱 멋있게 빛내준 김광명 교수에게 진심으로 감사를 드린다. 멀리 싱가포르에서도 격려와 지지를 해준 정준택 회장과 한결같이 지원을 아끼지 않는 이완규 전무, 심길중 교수, 동생 송현 부원장, 그리고 언제나 용기와 지원을 해주는 아들 송찬호와 며느리 김정연에게 고마움을 전한다. 바쁜 와중에도 노고를 마다하지 않고 애쓴 출판사 씽크스마트 김태영 사장과 가족에게 감사를 드린다.

잠시 고마운 분들을 생각하면서 자애명상을 해본다. 항상 행복하소서~ 건강하소서~ 평화로우소서.

2015. 5. 과천기슭에서